——新课程背景下教师必备基本

# 有效**教学设计**

## 的艺术与技巧

陈学峰◎著

YOUXIAOJIAOXUESHEJI

DEYISHUYUJIQIAO

吉林文史出版社

**图书在版编目（CIP）数据**

有效教学设计的艺术与技巧 / 陈学峰著 . ——长春：
吉林文史出版社，2012. 11（2021.6重印）
（新课程背景下教师必备基本功系列）
ISBN 978 - 7 - 5472 - 1292 - 9
Ⅰ. ①有… Ⅱ. ①陈… Ⅲ. ①教学设计 - 中小学
Ⅳ. ①G632
中国版本图书馆 CIP 数据核字（2012）第 263584 号

新课程背景下教师必备基本功系列

# 有效教学设计的艺术与技巧
YOUXIAOJIAOXUESHEJI DE YISHUYUJIQIAO

作者/陈学峰

责任编辑/ 高冰若

封面设计/小徐书装

出版发行/吉林文史出版社

地址/ 长春市福祉大路5788号

邮编/130118

网址/www.jlws.com.cn

印刷/ 三河市燕春印务有限公司

开本/710mm×1000mm　1/16

印张/14　字数/160 千字

版次/2013 年 1 月第 1 版　2021年 6 月第 3 次印刷

书号/ISBN 978 - 7 - 5472 - 1292 - 9

定价/39. 80 元

# 前　言

　　严格地说，有效教学理论进入我国只有十几年的时间，但是这个问题对广大教师而言并不是一个新问题，想一想，什么时代的教育不关注教学的有效性，哪一个国家和地区的教育希望自己的教育是无效的，因为教育始终是有目的性的。所以，它总会追求有效。只是随着时代的发展，人们对教学有效性的认识也发生了变化。这些变化系统地表现在：谁的有效？什么的有效？怎样实现有效？谁来实施有效？由此构成了这本书的问题链条和阅读线索，也暗合了本书名的意蕴。

　　首先，关于"有效教学"。它引起我们思考的是，有效教学的目标主体和内容。

　　从目标主体来看，长期以来，在课堂教学中的师生关系主体上，始终争论不断，这一方面反映了教育界对这个问题的重视，也反映了在这个问题上的迷茫。有效教学的实施中，人们终于认识到教师"教"得有效，要服务于学生"学"得有效，这是有效教学的基本落脚点。于是，学生成了名正言顺的目标主体。

　　从有效的内容看，既然有效的目标是学生"学"得有效，那么有效的真正内容是什么？这是对上一个问题的深化。一般来说，有效的教学指教师遵循教学活动的客观规律，以尽可能少的时间、精力和物力投入，取得尽可能多的教学效果。从而实现特定的教学目标，满足社会和个人的教育价值需求。概括地说，教学的有效性包括如下三重含义：一是有效果，强调达到学习预期；二是有效率，强调学得省时；三是有效益，说的是学得快乐，并由这种学习体验提供持久的学习动力，强调的是长期的、发展的"效果"和"效率"。

　　其次，关于"有效教学的教学设计"。它提出的思考是有效教学实现的方式。

　　在教育史上人们关注有效教学，在方式上也进行过探讨，先是从提高学生规模来提高教学效率，如夸美纽斯；后来又提出从提高教的密度来提高教学效率，如教学理论的倡导者们。最终人们选择了通过教学设计来提高教学效果的方式，原因是无论是扩大规模还是提高密度都没有和学生发生联系，只有从教学设计的角度，才能从学情分析、教学目标、教学情境、教学环境、教学媒体、教学导入、教学提问等具体环节与学生发生联系，并在这种联系中找到有效教学的渠道。

　　再次，关于"有效教学设计的艺术与技巧"。它提供我们思考的是，有效教学的实施者及其实施特点。

有效教学的主体目标是学生，这个认识是一个进步，但是如果因此而否定教师的作用，认为教师在有效教学中可有可无，那就大错特错了。因为只有教师才能设计出有利于学生成长的教学设计。这个预设的教学设计之所以能够有利于学生成长，是因为教师在内心始终有强烈的学生意识，这样才能在预设中把握学生生成的内容，形成"教"与"学"的良性联系，实现有效教学。所以，打开有效教学大门的钥匙仍然在教师手中。

艺术与技巧，说的是教师的教学行为特色。强调的是有效教学的教师行为，不是一般意义上的操作行为，不能按操作"规程"，也不是一般的"技术"。技术靠模仿，艺术靠创新，教师工作的科学性不表现在严格的规范性，而表现在爱心与创新结合的艺术性上。所以有效教学的核心能力，不仅在于看到多少、学了多少，更在于自己的内心感受到多少、生成了多少，并且，这是一个没有止境的探索过程！

本书由我的教学讲稿加工而成，借鉴了许多专家、同行的成果，虽然成书时进行了认真的注释，但仍恐遗漏，望请见谅。不足之处，请大家指正。并以此书献给共和国六十三华诞。

衷心感谢本书的责任编辑和吉林文史出版社的领导、朋友们。

陈学峰<br>2012 年 10 月 1 日凌晨

# 目　录
# contents

# 第一章 有效教学设计概述

严格地说，教学有效性问题不是一个新的问题，它几乎贯穿教育的始终。想一想，什么时代的教育不关注教学的有效性，哪一个国家和地区的教育希望自己的教育是无效的，因为教育始终是有目的性的，所以，它总会追求有效。但是随着生产的发展，人们对教育有效性的认识也发生了不小的变化。有效教学的含义是什么？有什么样的特点？有效教学设计的流程是什么？它有什么特点？对教师有什么要求？在这一章里我们先做一个基本的了解。

## 第一节 有效教学的含义

本节内容我们从有效教学的提出开始，研究有效教学的基本理念，并在这个过程中探讨教学有效性的真正含义。

### 一、有效教学的提出

在我们的教学实践中，任何一本教学论的书和教材都会找到关于追求教学效果、追求教学成绩的论述，都会看到"有效教学"的影子。孔子的"学而不思则罔，思而不学则殆"、"不愤不启，不悱不发"、"学而时习之，不亦说乎"。韩愈说："师者，传道授业解惑也。"朱熹说："孔子教人，各因其材。"《学记》指出："君子之教，喻也。道而弗牵，强而弗抑，开而弗达。"包括古希腊的教育家也提出了一些相应的"有效教学"的思想，但是这些还不能称其为现代有效教学。

在西方教育史上，有两个人是很值得一提的。第一个倡导教学理论的是德国教育学家拉特克。他在1612年《改革学校和社会的建议书》中，自称是"教学论者"。拉特克要求一切国民应获得一定程度的教养，因此，他致力于探求"教授之术"，开拓教学理论。他的教学论重点在于探讨如何使所有的人最容易、最有效地获得知识和教养，是以教学的方法、技术问题为中心的。

第二个是夸美纽斯。夸美纽斯是17世纪捷克的教育学家，他进一步发展了拉特克的观点，对教育或教学理论的发展做出了杰出的贡献。他在《大教学论》中申明自己的目的是："寻求并找出一种教学的方法，使教员因此可以少教，但是学生可以多学；使学校因此可以少些喧嚣、厌恶和无益的劳苦，多具闲暇、快乐和坚实的进步；并使基督教的社会因此可以减少黑暗、烦恼、倾轧，增加光明、整饬、和平与宁静。"[1]夸美纽斯在吸取当时的哲学成果基础上，提出"自然适应性原则"。他已经有意识地要使教学活动按法则的支配力量运作，开始思考和寻找支配教学活动的法则，这便是"自然的秩序"。根据这一原理，他划分了儿童的学龄阶段，主张建立全国统一的学校制度。

夸美纽斯对现代教育发展最大的贡献无疑是倡导学年制和班级授课制。他提出，一切公立学校每年秋季招生一次，同时开学，同时放假；把学生按年龄或学力分成年级和班级；每班专用一个教室，由一位教师同时教导全班学生，全体学生在教师指导下做同样的功课；为每个年级制定统一的教学计划和课时表，使每年、每月、每周、每日、每时都有一定的教学任务；除平时考查外，学年结束时举行一次隆重的考试，使全体学生（除心智缺乏者外）能同时达到一定程度，升入高一年级。

在"自然适应性原则"这一方法论指导下，夸美纽斯努力寻求支配教学活动的一般法则和原理，从而使教学活动这一工具自身进入了理性的确证阶段，并使

---

[1] 崔允漷.有效教学[M].上海：华东师范大学出版社，2010：34.

教学经验总结开始向教学理论过渡。具体表现在以下三个方面：

（1）直观原理。教学不应始于对事物的语言说明，而是始于对事物的观察。他反对经院主义引经据典、咬文嚼字的"文字教学"。他认为，知识的开端永远必须来自感官。如果得不到实物，就用图像、模型等直观教具代替。

（2）活动原理。教学不仅要使学生理解事物，同时还要使学生参与活动。活动是学生自身参与实践，可以借助练习来进行。他认为，各种活动全部应当凭借实际地采取行动来进行学习。

（3）兴趣与自发原理。对于儿童来说，求知的欲望是很自然的，因此不能用强制和惩罚的方法来强迫他们学习，应当使教学成为一种轻松愉快的事情；应当采取一切可能的方法来激发儿童对于知识和学习的强烈愿望。学习应当符合年龄与理解力的发展阶段而进行；知识的教学是基础工程，应当按照一定的顺序一步步地教学。

夸美纽斯在人类教育史上的贡献自然是功不可没，他在提高教学效率上是划时代的人物，是那个时代教育的旗手。但是，夸美纽斯对教学效率的提高是源于整齐划一的教学方式和扩大办学规模，这适应了大机器生产，人成了"机器"的一部分。所以也不能称其为现代有效教学。

一般来说，有效教学（effective teaching）的理念源于 20 世纪上半叶西方的教学科学化运动，在美国实用主义哲学和行为主义心理学影响的教学效能核定运动后，引起了世界各国教育学者的关注。20 世纪以前在西方教育理论中占主导地位的教学观是"教学是艺术"。但随着 20 世纪以来科学思潮的影响以及心理学特别是行为科学的发展，人们意识到，教学也是科学，即教学不仅有科学的基础，而且还可以用科学的方法来研究。于是，人们开始关注教学的哲学、心理学、社会学的理论基础以及如何用观察、实验等科学的方法来研究教学问题。有效教学就是在这一背景下提出来的。

## 二、有效教学的含义

"有效教学"是个舶来品，是由英语"effective teaching"翻译而来的。这个概念的提出是基于教学是科学化的界定。也就是说既然教学是一门科学，而不是在此之前教学是以"艺术化"的形式存在着，那它就可以规范，可以进行效果的衡量。这就是有效教学含义提出的背景。

那么什么是有效教学的含义呢？结合西方二战以后开始对"有效教学"的系统研究和中国近十年关于"有效教学"的研究，学者们总体上认可从以下两个方面的概括，一是有效教学的"教学"，二是有效教学的"有效"。

（一）有效教学的"教学"

有效教学认为教学不是教师个人行为，评价教师的教学是通过学生的学习效果来实现的。教学主要是指通过教师在一段时间的教学之后，学生所获得的具体的进步或发展。也就是说，学生有无进步或发展是教学有没有效益的唯一指标。教学有没有效益，并不是指教师有没有教完内容或教得认真不认真，而是指学生有没有学到什么或学生学得好不好。如果学生不想学或者学了没有收获，即使教师教得很辛苦也是无效教学。同样，如果学生学得很辛苦，但没有得到应有的发展，也是无效或低效教学。

所以"教学"是指教师引起、维持或促进学生学习的所有行为。它的逻辑必要条件主要有三个方面：

1. 激发学习愿望

教师的教学不是教师自己的自我欣赏和陶醉，而是要通过教师的行为，引起学生学习的意向，激发学生的学习兴趣，强化学生的学习动力，进而形成学习的支持系统。教学是在学生"想学"的心理基础上展开的，调动学生学习的积极性和兴趣既是教学的前提，也是教学的实质性内容。有效的教学使学生通过教师的教学越来越愿意学习，无效的教学使学生越来越不愿意学习。许多学生厌学在很大程度上是教学的无效造成的。

2. 明确学习目标

凡事预则立，不预则废，教学也是这样。学生只有明确了要学的内容、学到什么程度以及怎样才能达到目标，才能有主动参与学习的意愿。李政道先生给学生上课时讲了一个好的方法——"直接接触法"，就是大学生或研究生到校，先不学基础课，而是让学生普遍了解专业的前沿问题，然后根据自己的实际和对前沿问题的需要，有目标地选择课程，强调了明确目标与学习动力的关系。基础教育也是这样，教师应该及时把课程目标、单元目标、教学目标明确清晰地告诉学生，提高学生学习的主动性，并帮助学生自己形成发现目标、实现目标的能力。

3．感受学习快乐

根据学生的认知特点和教师自己的实际，采用易于学生理解的方式，调动合适的教学资源，创设学生关注的教学情境让学生听得清楚、明白、愉快。由此形成学生学习的快乐感受。这种快乐感受一方面会提高课堂教学效果，另一方面会形成学生学习过程的持续动力，是有效教学中教师教学要求的核心。许多在小学、中学学习"奥赛"的学生往往不考大学的相关专业，原因很简单，就是教师在中小学时期没有使学生感受到学习的快乐。教师讲课不能使学生感受学习的快乐，那么，教师教得再认真、再辛苦，也不能称之为真正的有效教学。

（二）有效教学的"有效"

一般来说，有效的教学指教师遵循教学活动的客观规律，以尽可能少的时间、精力和物力投入，取得尽可能多的教学效果，从而实践特定的教学目标，满足社会和个人的教育价值需求。具体说，教学的有效性包括如下三重意蕴：一是有效果；二是有效率；三是有效益。

1．有效果：就是教学活动结果与预期教学目标吻合程度的评价。完成了教学目标，吻合程度高，就是有效果，反之就是无效。简言之，有效果就是教学目标的达成，这是有效教学最基本的含义。一般来说，达成目标的过程是实现教学有效果的重要条件，但是更重要的是教学目标设计要科学合理，因为只有这样教学目标的达成才有真正的意义。这是什么意思？简单地说，如果一堂课设计了一个极简单的目标，教学目标很容易实现，能说这个教学有效果吗？相反，教学目标设计得很高，教学效果不太好，能说教学效果不好吗？所以教学目标的设计是教学有效果的前提。那么怎样设计教学目标？这个问题的整体讨论我们将在以后的章节中进行。但基本的要求是：教学目标要有适应性，就是要适应学生身心发展的规律，按照"跳一跳够得着"的原则设计教学目标；教学目标要有整体性，就是挖掘教学内容中的教育要素，落实各方面的教学目标，实现教学的整体效果；教学目标要有系统性，就是教学内容的连续性，设计当下教学目标是关注相关教学目标的实现，是教学效果更加连续，形成可持续的教学效果。

2.有效率：教学活动是一种精神性生产活动。教学效率可表述为：教学效率=教学产出（效果）/教学投入，或教学效率=有效教学时间/实际教学时间。这里借鉴了经济学的一个概念，表达有效教学的基本含义，就是用最少的时间，达到最好的教学效果。这个问题说起来简单，但仔细研究起来真的值得思考。这个效率至少包括学习速度、学习效果等。

首先是学习速度。指的是在单位时间里学习内容的多少，学习速度实际上就是指学习效率，学习特定内容所花费的时间越少，说明你学习效率越高。学习特定内容所花时间的多少是我们考量的一个指标。现实生活中我们更多地是考查学生的学习结果，对学生学习的速度很少关注，甚至还鼓励加班加点，以求得好的成绩。

加班加点求得学生的好成绩有什么不对吗？我们辛苦的老师可能会有意见，我们不妨进行以下讨论：

"吾生有涯而知无涯"，先贤们的话告诉我们，人生要学的东西太多了，而时间是有限的，不可能有无限的时间，也不可能学习无限的知识。用最少的时间，学习最有用的知识，可能是当代教育工作者不能不面对的挑战和机遇。这意味着什么？这就要求教师一方面要精选教学内容，另一方面就是提高教学效率，由此提高学生的学习效率。两个班比成绩，不能只看成绩结果，还要看获得这成绩的时间，因为这才真正体现效率。要认真研究学生的学习效率，还要分析学生学习时间的分配。实际上学生的学习时间大致可以分成两个部分，一是"学科课程学习时间"，指向学校课程的学习时间。它包括学校每门课程的学习时间、围绕这门课学生在课外所花的时间，比如学生学完课程以后要做作业、预习，甚至要做相关的练习或者相关的准备的时间、回家后需要完成家庭作业的时间等；二是"非学科课程时间"，指向学生在校期间的课余活动时间和回家后完成作业后的自己安排的时间。前者关注系统学科知识的传递，后者关注学生兴趣、爱好、特长、人格的成长。

在这两块时间里学生应该以学习为主是没有问题的，但是学习学科知识不是学生学习生活的全部，学生的生活应该是丰富多彩的。非学科课程学习时间对学生来说是不可或缺的，也是非常重要的。苏霍姆林斯基早就告诫我们：儿童的学习不是他的全部。他强调学习不是儿童的全部，儿童的生活应该是丰富多彩的，除了学习——包括学校课程的学习和指向个人兴趣、爱好、专长的学习，还应该有非学习时间。这个非学习时间包括必要的游戏、休闲、玩耍、劳动、制作、审美，还有交友等相关的精神生活，他的生活应该是非常丰富多彩的，这个是儿童的生活时间。

我们回到效率这个问题上。现在的学校教学情形是，学生在校时间里设置大量的学科课程，有的学校排到了下午五六点钟后，挤占了学生在校的其他活动和时间；有的学校音乐、美术、体育都要给文化课让路，即使有这方面的课，在内容和上课形式上也大打折扣；各科争相留作业，抢占学生的课余时间；在课堂上经常看到教师一讲到底，生怕落下知识点，学生的探索精神变成无可奈何的厌学。更可怕的是，教师把这种状况认为是对学生负责。

玩耍是孩子的天性，因为孩子在玩耍的过程中既可发展兴趣、特长、爱好，也可在运动、活动、玩耍、休闲过程中消化学科课程内容，甚至产生奇思妙想。许多重大发现都是在休闲玩耍中产生的。我们设想一下，如果一个学生的知识都来自于教师、来自于学校的话，这个学生是不可能有很大出息的，因为在孩子的一生中，学校生活只是其中一小部分。相反，如果在一个孩子的脑子里面，学校老师教给他的知识只占他所有知识的一小部分，那么这孩子将来肯定了不起，原因是他和生活有了更广泛的接触。也就是说他自己学到的知识要比学校老师教给他的要多得多，这孩子将来肯定更有出息。我们可以想一想，几乎所有科学家、伟人的成长都说明了这样一条颠覆不了的真理。没有一个了不起的科学家说："我以前只学老师教的，只学学校教的。"所以，一个高明的校领导、一个了不起的老师应该考虑到这一点：你不能占据学生学习的全部时间，一定要"解放儿童"！教育家陶行知就一直强调"解放儿童"。我们用学校课程学习的时间挤占了学生课外学习的时间，学生几乎没有个性化的学习。如果所有的孩子掌握的知识都是一模一样的，这绝对是国家的灾难！

那怎么让每个孩子拥有不同的知识、个性化的知识呢？就是给他属于自己的自由空间，让他根据自己的兴趣、爱好、专长来学习。学校和老师要保证这块时间和空间！现在的问题是学校的课业负担太重了，挤占了儿童的个人学习时间。改变现状的措施有二：一是学校的领导要切实从国家发展的角度，把眼光放远，认真按照国家课程标准安排课程，不做表面文章；二是全体教师从教学有效性的角度，认真研究教材、研究学生、研究教法，提高讲课效率，给学生留出自我发展的时间和空间。更为严重的是学科课程学习时间无限膨胀，挤压得学生喘不过气来。不仅学生发展的空间和时间没有了，甚至生存时间都成问题了。许多高中生每天睡眠时间不足6个小时，在他们的身心健康都受到威胁的情况下，还讲什么有效性？想想看，纵然有很多学生考上清华、北大，又有什么好自豪的！这是以牺牲学生的个性甚至健康为代价的。同时"知"的教育考核的强化、"行"的教育考核的缺失也使教育在最基本的"知行统一"上失去了平衡，造成"知识与文化"、"知识与行动"、"知识与道德"的背离。追求知识成绩考核，在当前这种体制下，是不得已的事，但是，所有的这些追求都不能以牺牲儿童的身心健康和国家未来为代价！否则，一定要付出沉重代价的！所以确立节约时间的意识，提高学习效率，把更多的时间还给儿童，这是教学有效性的前提，也应该是考核的指标。

2012年3月22日《人民日报》报道了中南大学22岁本科生破格评为正教授的消息，可以成为我们今天话题的很好注释。文章描写了22岁刘路攻克国际数学难题的一些发人深省的内容。"2010年10月的一天，出于兴趣，自学数理逻辑的刘路突发奇想，将一方案稍作改动，便可证明西塔潘猜想。他于是跑回宿舍，连夜运算，用英文写出证明过程，署名刘嘉亿向美国芝加哥大学主办的《符号逻辑期刊》投稿。"这个1995年英国数学家提出的问题，困扰着国际数学界专家们长达17年，竟然被一个本科大学生破解，震动了世界。别人问他解决问题的诀窍，他一脸淡然地说："没有诀窍，就是一直做自己感兴趣的事，突然想到了就做到了。"

其次是学习结果。这个指标是经过学习学生所发生的变化、进步和取得的成绩。我们主要把学习结果定位或局限在认知这个层面，希望每节课后学生都能有实实在在的收获。它主要表现在：从不知到知、从知之少到知之多、从不会到会、从不能到能，等等。这个变化就是我们通常所说的有效性，这是考查有效性的一个核心的指标。

传统教学学习结果主要考核学业成绩，有效教学强调，考量学习结果不仅是学生的学业成绩，还要考核下面两个指标：一是结果是怎么获得的。两个学生一个得了80分，另一个得了90分，怎样评价学生的学业结果？传统的评价肯定是第二个好，因为高了10分。但是，我们如果追问这个成绩是怎样获得的，就可能得出不同的结论。在时间上甲学生用了一个小时复习，乙学生用了四个小时复习，在方法上，甲使用归纳、总结的方法，乙是用记忆的方法。显然在这种情况下，甲可能比乙更优秀。所以，这个标准可以概括为时间的多少、方法的优劣。前者好理解，后者主要看获得成绩不仅是靠时间、记忆、死记硬背、机械操练、复制获得的，还是靠自己的思考、创造性的思维获得的？考量是什么样的一种精神劳动。二是结果的价值，就是这个学业成绩它本身内含的智慧价值。简言之，试卷里边所有的题目，是智慧性的题目，还是知识性的题目；是学生只要凭知识技能就会解答的问题，还是必须经过创造性的思考才能解决的问题。所以，不能纯粹地为所谓的学业成绩沾沾自喜，过分高兴，还必须考量它的智慧含金量。学生的成绩要看，但更要看学生获得成绩的过程，要看在这个过程中学生创造性思维有没有发展，个性品质有没有提高。

在这个方面国内外学生的情况的对比，可以给我们一个很好的形象理解。

一个有关亚太地区初中数学水平测试的报道：在二十来个国家、地区当中，中国内地排第一名，第二名是韩国，但是我们比韩国就多一分左右。看了这个成绩，特别是数学老师可能都会沾沾自喜，觉得非常高兴，值得自豪，但是，如果看了附加的一份调查，大家就自豪不起来了。这份调查说明中国内地的初中学生课后花在数学学习上的时间是韩国学生的三倍，也就是说韩国学生可能每天花半个小时的时间就把作业做完了，而我们要花一个半小时的时间，这个效率太低了吧。

还有，在国外的中国留学生掌握得最好的是老师教的东西，但是，国外大学看重的是有个性化的东西。很多国外的大学教学要求非常明确，学生把老师教的、把老师这一学期讲的都背得滚瓜烂熟，最多只能及格，学生必须要有个性化的东西，才能得高分。因为社会实践的需要永远不是课堂能够设计出来的。

考核学业成绩含金量有非常重要的现实意义。追求表面高分已经影响到师生的正常生活，应该改一改了。过正常人的生活可以考 70 分，有的学生为了提高 10 分或 20 分，以牺牲自己所有的个性化的学习和个人的时间为代价，甚至影响他的健康，太不值了，因为提高这 10 分、20 分对他的智慧增长是没有贡献的，只能提高分数，对他的整个智慧提升已经没有多大贡献了，相反会影响自己思维的发展。这种现象如果成为一个民族的缩影，这个国家的教育成本就太高了。这就是为什么要强调教学的有效性的原因。

3.有效益：有效益是有效果的深层次延伸。课堂是包括教育、教学的综合体，教师要通过教学传达更多的教育含义，如人的品质培养、人的思维方式及方法论和非智力因素的训练等。有效益就是这种教育目标的综合表达，它是一种综合效益，可以使学生终身受益。教学有没有效益，其核心指标在于学生有没有学到什么或学生学得好不好，尤其是对学生未来的发展有帮助的知识。有个现象值得我们关注思考。一段时间里，被高校传得沸沸扬扬的"高分低能"现象对中学教学是个极大刺激。有些学校，学生考上大学，但后劲不足，展示出的是综合能力的极度欠缺，而有些学校学生高考成绩不佳，但学生在上大学后非常受高校欢迎，潜力巨大。这表明所谓"高分低能"现象是学生思维方式欠缺，综合能力不够，这都是教学效益要解决的问题，如果只强调教学效果，就会出现教育教学目标的单一，就会出现人才培养的高分低能。有效果培养的是学生的才能，有效益提高的是学生的综合品质。这个目标可以从学生的学习状态和教师的教学状态中得到体现。

在学生的学习状态上，就是使学生产生好的学习体验。在学习过程中学生体验到了什么，是以什么样的状态进行学习，是生气勃勃、喜气洋洋、其乐融融，还是愁眉苦脸、冷漠呆滞，效果是很不一样的。一方面可以保持学生的学习兴趣，形成稳定的学习兴趣中心，同时还可以激发学生的探索精神，促进新的兴趣的产生。我们经常看到学生可能觉得学习之初和学习过程没那么有趣，但是学到一定程度后觉得很有价值，这就是积极的学习体验，就是生发出来的兴趣。伴随着某个学科学习的进展，或者说你的学科知识获得的越来越多，你对学科学习的兴趣是不是越来越强，这个体验是非常重要的。事实上不是所有的学科都是有兴趣的，特别是一些入门比较难的学科，使学生产生良好的学习体验是深入学习的重要条件。

学习体验表面上是一个内隐性的指标，这个指标你是看不见的，但是，它是非常重要的。如果学生能够体验到学习的乐趣，体验到学习的欢乐，那么这个孩子的整个童年就是幸福的，因为这段时间的主要内容就是学习，学习成为快乐的内容，人一生的幸福基本就得到了奠定！在图书馆，在超市的书架边，经常看到有的孩子蹲在书架下面非常入迷地看书，这些孩子肯定是特别幸福的。而学校里的学习和读书是怎样的情形呢？是很值得深思的。一个把读书看成是苦差事、一读书就愁眉苦脸的孩子，他的童年，乃至他的整个人生就会失去很多乐趣。享受学习的乐趣和欢乐是儿童幸福人生的前提，所以，要特别关注学生的学习体验。

有了这种快乐的体验，才能主动享受到学习的乐趣，从而形成良好的学习习惯。有了良好的学习习惯，才能够确立终身学习的意识，才能把快乐学习变成你的一种生活、一种品质。教育的真正意义就在于形成好的学习习惯。有效教学强调的好的习惯，就是快乐而高效的学习。

关于有效地教。教是促进学的。所有的教学有效性、教学质量的落脚点都在学上。有效地教指的就是教促进有效地学。教师最好的教学状态是能够更好地促进学生的学习。一般我们把这种促进分成两种：一种是直接促进，另一种是间接促进。

"直接的促进"就是老师的讲课能够直接被学生接受，教师直接把学生要学的知识教授给学生，通过教师的讲解接受得更顺畅、更快、更容易，如果没有老师教，学生这节课可能学得很慢，学得很浅，理解得很不到位，但是，老师一教学生马上就感到有收获、有提高了。这就是直接地促进了，这是一个"授之以鱼"的过程。

"间接的促进"是另一种情况，老师不是教现成的知识，而是通过老师的教的理念、方法、原理等过程，使学生从中慢慢悟出了学习的道理，掌握了方法，提高了思维能力，在这个过程中自己去获取知识，并慢慢地摆脱对教师的依赖，不要老师教也能学了，实现"教是为了不教"。这是一个"授之以渔"的过程。

一般来说直接的促进是短效的，间接的促进是长效的，是有后劲。在我们的课堂上往往直接促进的教学是经常的，这也是我们的学生在跟西方的孩子比时，经常出现"赢在起点，输在终点"现象的原因。因为国外的教育，从小就强调孩子自主自立，鼓励孩子自我学习和探究，所以，学习进展可能缓慢一些，但鼓励探讨和合作，这是肯定的。而我们都是老师全包了，教师讲得很多，学生们也学得很多，但是印象却不深，学得快，忘得也快。而国外的小孩子跌跌撞撞地自己走，当然一开始就慢些，但后来会相当稳健。

（三）有效教学的特征

"有效教学"这一概念首先意味着并不是所有的教学都是有意义和有价值的，有的甚至可能是无效的、负效的。所以只有满足一些基本条件的教学才可以称为"有效教学"。这些条件是：1.让学生明确通过努力而达到目标，并且明白目标的达成对个人成长的意义；2.设计具有挑战性的教学任务，促使学生在更复杂的水平上理解；3.通过联系学生的生活实际和经验背景，帮助学生达到更复杂水平的理解；4.适时与挑战性的目标进行对照，对学生的学习有一个清楚的、直接的反馈；5.能够使学生对每个学习主题都有一个整体的认识，形成对于事物的概念框架；6.能够迁移并发现和提出更为复杂的问题，有进一步探究的愿望。

## 第二节　有效教学设计的流程

有效的教学设计是对教学活动进行的系统规划，是一种教学准备和预设。由于教学活动本身的复杂性和生成性，教学设计的内容和任务不是一成不变的。特别是由于人们对教学设计所依据的理论出发点的不同，对教学内容、教学目标、教学情境、教学模式和教学方法的选择也是有差异的。但是就一般教学设计而言，其基本设计流程和一般任务是相近的。下面我们就有效教学设计的一般流程做一阐述，更加详细的论述会在以后的章节里进行。

### 一、确定有效的教学目标

教学目标作为规定教学活动方向的重要指标体系，同时也是教学活动的出发点和归宿，是课堂教学的灵魂体现。因此，确定教学目标是教学活动工作首先要考虑和研究的任务。教学目标的确定要关注以下几个方面。

（一）认识教学目标的系统性

首先是教学目标层次上的系统性。教学目标不是一个孤立的目标，而是与教育目标相联系的一个目标体系，包括课程目标、单元目标、课时教学目标。一般我们常讲的教学目标大都指的是课时教学目标，这是因为课时目标有一个相对容易把握的具体教学内容。但是，从根本上说研究教学目标是要从整体上考虑的，每一个课时目标不仅相互联系，也与整体目标相联系。其次是教学目标内容上的系统性。它表现为有效教学设计的教学目标不是单一的目标，而是由一个目标系统构成，比如，新课程提出的"知识与技能，过程与方法，情感态度价值观"的三维目标体系，并且强调目标之间的联系和整体性以及在教学过程中的实现途径。

（二）明确教学目标的功能

教学目标在教学设计中的作用可以概括为以下三点：

明确方向。教学活动是一种以个性化方式实现的特殊的活动，无论教师的教还是学生的学都呈现出个性化的倾向，有效教学设计不仅承认和尊重教师和学生的个性，同时还要在教学过程中展示和发扬教师和学生的个性特长，以此来最大限度实现教学目标。这就要求教师在教学之前认真研究教学内容、学生特点、社会需要，通过目标来协调教师的教和学生的学。

激励意志。凡事预则立，不预则废。教学工作也是这样，明确的教学目标对学生和教师都有重要的激励作用。

评价功能。目标既是方向，也是激励，同时也是教育活动的标准。教学工作评价不仅看教学活动的过程，更重要的是看教学活动的结果，就是目标的达成。

（三）合理挖掘教学目标

教学目标具体化对学生的成绩提高和整体的发展有着积极的作用。国外有研究者以十年级为试点，以健康课为内容进行实验，比较了精确的教学目标、含混的教学目标和无目标教学条件下对学生的学习成绩影响。结果是，精确具体的教学目标与另外两种目标下的教学相比，明显促进学生成绩的提高。所以，教师教学目标的设计，一定要对学生要达到的状态有一个明确具体的表述。

有的教师把《春》的教学目标设计为：

1. 领会课文准确生动的语言，学习抓住特征细致描写的方法；

2．培养准确、生动的用词、造句能力，引导学生划分文章的结构；

3．培养热爱大自然的情怀。

在这组教学目标设计中，第一条是学生的目标，并且比较具体，"学习抓住特征细致描写的方法。"但是后两条就不是对学生的目标，而是只表达了教师的教育意图，不是对学生通过教学达到的目标状态的描述，是值得商榷的。现实中许多教师把教师的意愿当成教学目标，这不仅不符合以学生为本的教育理念，也使真正的教育目标难以检测，难以落实。良好的教学目标表述应包含：教学目标陈述的是学生学习后的结果，如语言、技能、认知、动作、态度等；教学目标陈述要力争具体，可观察，可检测；教学目标陈述要有层次，在认知领域表现为记忆、理解、应用，在态度领域表现为接受、反映、评价等。

显性目标与隐性目标相结合。在教学目标设计过程中，有许多教师往往重视知识与技能目标的设计，忽视过程与方法、态度情感与价值观方面的目标设计。事实上三维目标不是孤立的目标，而是共同作用在学生身上，只是知识与技能更显性一些，但在学生成长过程中，那些隐性的目标可能发挥更重要、更长久的作用。有人用冰山来解释两种目标的关系：显性目标是冰山浮出水面的部分，隐性目标是冰山水下更值得挖掘的那一部分。

有教师在"三角形的世界"中，确定了以下目标：

1．经历三角形三边之间关系的推理过程。

2．理解等底等边三角形面积相等。

3．学会合作、交流、倾听的习惯和能力。

在这组教学目标设计中很好地把显性目标，如三角形边的关系、等底等高三角形面积与更加重要的隐性目标，如经历、理解、倾听、合作等统一起来。

即时目标与长远目标相结合。我们曾讲过教学目标是一个体系，与培养目标、课程目标相联系的是长远目标，与学时教学相联系的是即时目标。有效教学的目标，显然是把即时目标与长远目标统一起来，站在眼前，看到长远。比如：

窗前明月光，疑是地上霜，举头望明月，低头思故乡。记忆、背诵就体现着即时目标，理解对故乡的感受就是长远目标。就古诗词而言，只考记忆与背诵，显然是不够的，但有时是必要的，因为记忆和背诵也是形成长远目标的开始，所以教师们在设计教学目标时一定要把长远目标和即时目标统一起来。

知识与技能是学生成长的基础条件，是过程方法、情感态度、价值观教育的载体；而情感态度、价值观、过程与方法是学生成长发展的长远目标和动力。应试教育给我们带来了短视的即时目标的热，但我们并不能因此就认为可以放弃"双基"和"知识与技能"目标，只是不要仅仅止步于此。应试教育的要害不在于应试，而在于仅仅是应试。

预设目标与生成目标相结合。传统教育思想认为，教学目标就是教学内容所蕴含的基本知识、基本概念等静态的、有限的目标，它通过课程标准的规定，由教学任务来体现，往往是在备课的过程中完成的，是一种预设的目标。有效教学思想认为，教学目标除了以上静态的目标，还有在教学过程中由师生交流而形成的生成性目标。它是动态的、不确定的，但是它反映的是师生交流和学生发展的真实状态。对学生而言预设性目标反映了社会和教材对学生的要求，是一种外在的要求，是教学活动的基础，有人把它看成是教学目标的"底线"；生成性目标对于学生而言，是内在的自发的、构成学生发展性的重要内容，是教学目标的"上限"。这两个方面的内容共同构成教学目标的整体。

所以，在教学目标设计中，一方面要重视预设，使教学活动呈现出目的性、组织性和计划性。要说明的是这种计划性只是教学的起点，而不是教学的最高境界；这种预设应该是开放性的，只是为课堂教学提供一个框架，而不是封闭的、僵化的、固定的程序。同时，要为教学目标的生成保留空间。教师要树立正确的学生观，学生不是知识的消费者，也不仅是知识的接受者，而是主动的知识建构者，学生的发展主要靠外部知识经验的内化，而不是简单的复制；在教学观上，要把教学看成是一种师生平等对话的过程，是学会内化知识经验、自我发展的过程。

在教学设计过程中，教学目标的确定与许多因素有关，但对教学设计者来说，确定教学目标更应该侧重考虑的任务是教学目标的可操作性。也就是说，要用可操作行动的语言或概念对教和学的效果或结果进行描述。

## 二、有效地研究和分析教学内容

对教学内容的研究与分析是对教学目标确定所要达成的教学活动的终点目标和学生起点能力转化为终点能力所需要的知识、技能以及它们之间的关系进行比较详细的剖析过程。对教师而言，有效地研究与分析教学内容任务的过程，就是教师认真分析教材、合理地选择教学内容、科学安排教学活动、有效呈现教学方式的过程。

需要强调指出的是，学校课堂的教学内容目前还比较集中地体现在经专家或专业人员所编写的教科书中，由于教科书的编写要受到书面形式等多方面因素的局限和限制，因此教科书所呈现的知识内容和编排方式，一般并不能，也不宜原样直接地呈现在课堂教学过程中。对教材中的知识内容和知识结构，必须经过教师的再选择、再组织、再加工的过程。这个过程中教师的核心工作是激活和活化教材的知识，使教材中表面上看是死的、固化的知识在教学过程中生动起来、活化起来，并在这个过程中实现教师对教材知识的内化，变教教材为用教材，把教材的知识内化成为教师自己的知识。这应该是教师有效研究与分析教材的核心任务。

## 三、有效地研究学生特点与需要

学生是教学活动中的学习主体，教学设计的主要目的就是为了促进学生有效地学习。所以，全面分析和了解学生的现实发展水平，准确把握教学的起点，促进学生有效学习，就成为教学设计的主要任务。

在教学设计过程中，为什么要准确地把握学生的现实发展水平？一方面有利于教师确定课堂教学的起点，从而合理准确地确定课堂教学目标，科学合理地组织教学内容和设计教学过程；二是有助于教师科学地选择恰当的教学方法和教学方式，为学生创造良好的学习环境；三是有助于教师清楚地了解学生在学习过程中的差异性，便于因材施教，促进学生更好地发展。

教学设计过程对学生的分析和研究，主要应包括：一是学生的认知因素。如学生已有的智力发展水平，现有的知识基础和知识储备，学习的基本技能和技巧，个体的认知结构和学习方式特点。二是学生的非认知因素。主要考虑学生的一般生理和心理发展水平与成熟程度，如学习兴趣、学习态度、学习需要、学习过程中的主要意向以及情绪情感、意志品质等方面的情况。三是社会性因素。这里主要是指学生的家庭背景和社会交往以及生活经验的特点等，如师生、学生之间的人际关系特点等。

对学生现有的认知因素、非认知因素和社会因素的了解、诊断和鉴别的方式、方法很多，要求教师在日常的教学活动中有意识地多方面观察学生、了解学生，时间一长，教师就会对学生的各方面的情况了然于心，并在这个过程中形成真正了解学生的能力。

## 四、有效的教学过程相关措施的研究与分析

教学效果的好坏，在相当大的程度上取决于相关教学措施设计得是否科学与合理。因此，教学措施的研究是教学设计工作的重要内容。教学措施一般包括教学方法、教学媒体、教学结构等方面。

1. 教学方法的选择与设计

教学方法选择要考虑教学内容和教师的特点。

2. 教学媒体的选择与设计

教学活动一般都需要一定的教学媒体的支持，合理选择教学媒体对于教学效果的提高是帮助巨大的。现代计算机的发展，为教学过程中便捷和高效地传递教学信息提供了可能，为提高教学质量和教学效率奠定了物质基础。随着现代信息技术的发展，种类繁多的教学媒体都有着自身的优势和不足，各种教学媒体的应用范围、使用特点和教学要求也不尽相同。对教学媒体的选择与设计重要的目的

在于改善学生学习与教师教学的方式，有利于调动学生的学习兴趣和发挥学生的学习潜能。不能为了媒体的使用而使用。

3. 课堂教学结构的设计

由于学科性质的不同、教学目标的不同，在实际教学中课堂教学的结构也存在着多种不同的形式。中小学教学常见的课堂教学结构形式主要有新授课、练习课、总结复习课、活动课、实验课等。在选择了一定的教学结构形式以后，还要设计这节课的具体结构，首先是课的教学环节设计，然后是对各个教学环节的组织设计，即把各个教学环节进行有机组合，努力做到教学重点突出，和谐有序。

4. 教学评价的设计

在常规课堂教学过程中，教学评价的主要目的是及时地获得教学活动的反馈信息，便于检测学生学到了哪些知识，学到了何种程度，比较准确地判断预定课堂教学目标的达成度。一般来说，要针对整个教学过程的各个不同的阶段设计相应的教学评价。在教学前要有"准备性评价"，主要目的在于了解学生对即将开始的学习内容是否具备所需要的起点知识和基本技能；在教学过程中要设计"形成性评价"，及时了解学生学习的情况和已达到的水平；必要时还应进行"诊断性评价"，诊断学生在学习过程中遇到的问题及其产生的原因，并对症下药，采取相应的补救措施。

# 第三节　有效教学设计的特点

一般来说，有效教学设计主张通过科学的教学设计和教学实施实现教学效果、效益、效率的最大化。这种教学设计主张带有明显的科学主义和实用主义的烙印。随着时代的发展，特别是当代教育思想的影响，有效教学设计在关注教学效益的同时，更关注人格形成、生命关照等在教学中的意义。所以我们把有效教学设计理解为有效促进学生发展的教学设计。与此同时，我们将研究有效教学设计对教师素养的要求。

## 一、有效教学设计的特点

### (一) 教学目标明确化

一个课堂的教学是否有效，是针对本堂课的教学目标而言的，在教学设计中教师与学生是否形成了明确的教学目标，是实现教学有效性的条件。教学目标是教师专业活动的灵魂，也是每堂课的方向，是判断教学是否有效的直接依据。教学目标不是目的，它比教学目的更具体。崔允漷教授在《有效教学：理念与策略》中对教学目标提出四个要求：目标主体是学生，不是教师；目标行为是可测量、可评价、具体而明确的，不是抽象的；实现目标的行为条件是指影响学生产生学习结果的特定的限制或范围，如知识基础、认知条件等；目标评价是提供参照的依据，使学生现有程度与教学目标的比较。只有目标具体才有可能比较，才有可能实现有效。比如有的教学目标设计为"培养学生高尚的道德情操"、"提高学生的写作能力"等，都比较抽象，因此，这些目标表述都无法比较和评价，也难以实现教学目标功能。

### (二) 教学活动互动化

大量研究证明，教学过程是一个互动的过程，不是一个单向传递的过程。单向传递看起来非常省力而且有很大的容量，但是由于学习的过程是一个主动建构的过程，单向接受的知识不能转入长时记忆和有效内化。人只有在与他人合作过程中，主动加工那些对个人有意义的信息，才能取得最佳效果。有效的教学互动应关注以下几个方面：

一是要关注学生的起点。学生的的起点是互动的前提，教师的互动设计，既不能太高，也不能太低，太高建立不了互动的平台，太低形成不了有质量的互动。

二是关注真实的互动。真实的互动是一种内在的互动，不是形式上的互动，这种互动来源于教师的学生观、教学观、互动观的转变。如有的教师提出一个问题，学生们启而不发，教师就把问题的答案呈现给学生。在《孔乙己》教学中，教师问：为什么孔乙己大约的确已经死了？学生沉默约一分钟。教师提示道："大约"

就是大概的意思，表示猜测。"的确"表示肯定。学生再次沉默。教师有点不耐烦，直接说道：这里可以看出孔乙己命运的悲剧。在这些教师中，他们认为学生回答不上来，老师把答案讲解给学生，他们理解效果会更好，互动的形式太浪费有限的教学时间，认为直接教授法是高效的教学方法。这是值得商榷的。

三是关注生成性的互动。互动一般是预设的，是教师备课时要认真考虑的问题，但是课堂教学中形成的问题可能更容易形成有效的互动，所以，真正好的教学设计，不仅在备课中研究学生的互动，一定还会关注生成中的互动，因为这种互动更能在学生心里留下记忆。

（三）教学策略最优化

现代教学方法论的研究为我们提供了许多具体的教学策略，但任何策略都是有针对性的，所以针对教学内容、教学环境、教师特点选择合适的教学策略是衡量教学设计的重要指标。教学策略包括教学顺序、教学方法、教学媒体、教学环境的选择，教学策略的优化不在于"新"，而在于"合适"。目标指向的是教学效果的最大化。

（四）教学内容深入化

有效教学带来的是学生在高质量的思维前提下的深度学习，而不是流于表面的肤浅学习。珀金斯曾描述过三个值得注意的有关知识的问题。一是"懒汉知识"，这种知识存在着，却不起任何作用，除非为考试所用；二是"幼稚知识"，即回到早期对问题的肤浅理解；三是模式化的知识，只学习解决问题的步骤而不了解使用这种做法的原因，即知其然而不知其所以然。这些知识不需要或没有经过学习者思维的深度加工，经不起时间和应用的考验，又称为"脆弱知识综合症"。如果学生的学习所得仅仅是些毫无价值的"脆弱知识"，无论采用什么样的方式也都是无效的教学方式。

在我们许多的课堂上，经常会看到表面上学生发言积极，也有师生之间的互动的场面，但是学生的思维从进入课堂到走出课堂依然是停留在一个层次上，没有深刻积极的变化。比如一些阅读教学课中，师生所做的仅仅是在寻找事实，并没有去探究意义。或者提一些没有思维质量的问题，如"对不对？""好不好？""是不是？"等不是问题的"问题"，使学习失去了真正的意义。学习不仅指对知识的记忆，还要求学习者理解知识，学会运用知识解决问题，加深对事物的领悟。

在三维目标的落实上也存在误读。一些教师把"过程与方法"理解为纯粹的学法指导，把"情感、态度、价值观"的培养当作是思想教育的内容，并人为地把它们与知识教学割裂开来。把原本蕴含于文本和教学过程中的一体化的三维目标作为一个个孤立的教学板块来处理，使教学的有效性大打折扣，这也是非常值得注意的事情。

（五）教学过程彰显生命价值

教育最终关注的是人类的未来，人类的未来取决于当下人类的状态，包括人与人、人与社会、人与自然的关系和认识，影响这个走向的是人的心智、情感和灵魂。关注生命价值的彰显，就是把人的潜力最大限度地调动起来并加以实现，并给这个世界以积极的影响。在这个意义上，教育是人的灵魂的教育，而非理智知识和认识的堆积。

当代教育把"人"提到了前所未有的地位，关注人性、尊重生命成为当代教育的主旋律。课堂教学不只是实现教学任务、达到教学目标的过程，而且更应该是师生生命共同经历的成长过程。那么怎样实现这个过程？

树立学生中心的观念。有效教学的理念改变了以教师为中心和以知识为中心的教育观念，使学生中心的观念深入人心。以"教师为中心"的评价着重在评价教师教得怎么样，评价的话语往往是："这个教师课上得不错"，"这个教师上课水平不行。"这是对教师个体教学能力的评价，忽视了对学生的学习状态的关注，把对课堂的评价变成对教师的表演水平的评价；以"知识为中心"的评价是以知识传输的状态和结果作为评价的重心，评价教的知识有没有教好。评价话语往往是："这个教学内容有没有上好。"忽视了作为知识建构者学生对教师所传授的知识是否感兴趣、是否主动建构。以学生为中心强调教学准备时需要研究学生原有的认知准备和情感准备，在教学过程中始终关注学生学习的状态、学习的兴趣、动机的激发以及互动、合作的学习方式的运用，适当的教学策略的选择和实施，学生学习效果的反馈。教学效果的评价以学生的发展为目的等无不围绕学生的学习与发展。

关注师生的生命状态。有效教学的课堂评价是对由教师和学生共同参与的学习过程和学习效果的评价。常用话语是："这堂课学生学得好不好。"不仅需要观察和评价教师的教学是否主动，是否根据自身教学特点和学生需要形成恰当的教学目标和教学设计，启发学生进行有意义的学习。还需观察和评价学生是否主动、积极地利用教师提供的教学环境和资源进行有意义的学习，是否促进了知识的理解和内化，是否在学习过程中形成了一定的情感、态度和价值观，整堂课是否在一种自然、和谐、愉悦的氛围中展开等。强调的是教师和学生在教学过程中形成的互相激励、互相促进、共同发展的生命状态。

促进学生发展。把教学看作一个完整的人的发展教育活动是有效教学所追求的目标。对人性的关注和对学生生命的关照不是靠说教体现的，而是体现在整个教学过程之中。一方面是教师在教学准备阶段对学生认知基础和情感状况的了解；教学过程中重视创设一种自然、和谐的教学氛围，课堂上教师认真倾听、热情鼓励、友善指正学生的发言，体现着教师对学生的尊重，同时学生虚心听讲、积极参与、主动探究是互相尊重，由此共同促进生命的发展。另一方面，在学习过程中师生与教材的对话、与同伴的真诚交流、与自己内心世界的对话是课堂生命的体现。

因此，有效教学的课堂一定是一种和谐、自然、互相尊重、互相坦诚的民主的课堂，是以具有挑战性智慧活动为载体的课堂，这种课堂教学应该关注正在生长、成长中的人的整个生命。对智慧没有挑战性的课堂教学是不具备生成性的，没有生命气息的课堂教学也不具有生成性。从生命的高度看，每一节课都是不可重复的激情与智慧综合生成过程。这样的教学学生不仅得到的是知识建构，还是内心精神世界的建构。

## 二、有效教学设计对教师能力的要求

教师是有效教学的设计者和实施者，教师理论素养和实践能力对有效教学的实施有着重要的意义。

### （一）有效教学设计对教师的基本要求

有效教学设计是一种创造性智力活动。要求教师具有良好的专业能力和职业修养，这些职业素质应当包括：良好的职业精神和职业修养，积极坚韧的创新精神，扎实的专业知识与技能，良好的教育与教学基础理论，较好的逻辑思考能力和思维品质；同时还应有良好的教学实践经历和相应的教育教学培训过程，熟悉学生的认知发展阶段、教学活动中的认知策略、学生的智力水平和智力结构；有较丰富的教学实践经验，特别是有效教学设计与实施的经验和技巧。

### （二）有效教学设计对教师的特殊技能要求

除了上述基本要求之外，科学合理的教学设计活动还要求教学设计者应当具备以下三项特殊的技能：

1. 教学时间的规划能力。科学地安排教学顺序、合理地计划教学时间、科学地把握教学节奏是教学设计者重要的基础性技能，好的教学设计者必须清楚地知道怎样有序分配教学时间，怎样对时间进行科学合理的预算，怎样实现教学时间的高效化。

2. 现代信息技术应用能力。现代教学设计和教学实施离不开以计算机为核心的现代信息技术的支持，良好的现代信息技术会对教学效果产生重要的影响。所以，以计算机为核心的现代信息技术的应用技能应该成为当代教师应有的能力，包括多媒体技术、网络技术、文字与图表处理技术、电子信息资料的收集处理与应用技术等。

3. 教学策划与组织能力。有效教学设计的实现，要求教师最大限度地整合相关的教学资源，协调各种教学要素，发挥各种教学资源和要素的功能与作用，特别是教学活动中的主要资源——教师、学生、时间、设备条件、环境等，实现教学效益最大化。

（三）协调与他人关系的能力

有效教学设计是一项综合的、系统的工程，它是一种在个体劳动的形式下反映的综合劳动，体现的不仅是自己的成果，也反映了同时代、同学科的研究成果，所以有效的教学设计并不完全纯粹是教师的个人独立活动。教师在教学设计过程中至少要实现以下几方面的合作：一是要与同学科的教师合作，集中学科智慧，在互相借鉴中形成更高水平的教学设计；二是要与不同学科的教师合作，获得更多的不同学科的支持，形成综合性更强的有效教学设计；三是加强师生合作，更多地与学生沟通与交流，更好地了解学生的需要与学习兴趣，更清楚地了解他们知识和技能的基础，更准确地把握学生的情感脉搏，实现师生之间的有效交流；四是与教学辅助人员的合作，有效教学设计内容中，都包括较多的活动和媒体的使用，都需要有多方面的教学辅助人员帮助，诸如资料准备、仪器或设备的选择与调试等，还有学校各部门的配合。五是与相关教学专家的合作，有效教学设计，虽然不是很新的教学准备形式，至少也是一种探索的教学形式，一定需要专家的引领和指导，无论作为一个教学设计的完善，还是教师的专业发展，都应该与专家的合作相联系。所以，有效教学设计者良好的人际关系和与人合作的协调能力是必不可少的。

# 第二章  有效教学设计的理论基础

有效教学设计作为现代教学理念的重要方法深受传播理论、学习理论和教学理论的影响。这些理论不仅成为教学设计的理论基石,为教学设计提供了理论基础,而且也在这个过程中为教学设计提供了方法和技术支持。

## 第一节  传播理论与教学设计

传播理论研究的是信息的传播过程、信息的结构和形式、信息的效果和功能的理论。按照信息论的观点,教学过程是一个(教育)信息传播的过程,在这个传播过程中有其内在的规律性和理论,所以教学设计应以人们对传播过程的研究所形成的理论——传播理论作为理论基础。

### 一、信息传播模式与教学信息传播

(一)信息传播模式

人类对信息传播理论的研究始于 20 世纪 40 年代,其研究内容从"新闻传播"转移到"信息传播",探讨自然界一切信息传播活动的规律。模式方法是传播学最富有特点的研究方法之一,它们集中反映了传播学理论研究的成果,是传播理论的核心部分,也是教学设计理论借鉴较多的内容。我们主要介绍拉斯威尔(H.Lasswell)的"五 W"论、贝罗(D.Berlo)的传播模式、香农(Shannon)的传播模式。

1. 拉斯威尔的"五W"论

拉斯威尔认为，要了解什么是传播，只需回答五个W。教学过程也涉及这些类似的要素，教学中如果把握好这五个问题，教学设计就会更加有效，相反就可能是低效的。如下：

一是Who（谁），强调教师或其他教学信息源在教学中的主导作用；

二是Says What（说什么），强调教学内容的精选和教学方式的优化；

三是In Which Channel（通过什么），强调渠道和教学媒体选择，也就是用最好的方式方法实现最好的教学效果；

四是To Whom（对谁），强调的是对教学对象的了解，也就是我们常说的"学情"的把握；

五是With What Effect（产生什么效果），强调教学效果的总结和反思，实现有效教学。

这些传播过程的要素自然受到教学设计者的关心，成为他们分析、考虑教育问题的重要内容。这一模式虽符合教育传播过程，但它一定程度上忽略了教学中的信息反馈和教学过程中各要素之间的动态联系，在教学中更缺少了学生作为主体的主动作用的阐述，这是我们应该注意的。

2. 贝罗的传播模式

1960年贝罗在拉斯威尔研究的基础上提出了SMCR（source message channel receiver）模式，以直观的方式进一步揭示了传播过程的复杂性。SMCR模式更明确和形象地说明传播的最终效果不是由传播过程中某一部分决定的，而是由组成传播过程的信源、信息、通道和受者四部分以及它们之间的关系共同决定的，而传播过程中每一组成部分又受其自身因素的制约。这个理念给教学设计以新思路。

首先，从信源和受者方面看，在教学过程中，信源和受者分别是教师和学生，教学过程也是信息传播过程，至少有四种因素影响其信息传播的效果，即传播技能、态度、知识水平、社会及文化背景，在教学设计中要从教和学两个方面考虑以上四种因素，只有综合考虑以上四种因素，教学才可能是有效的。

其次，从信息这个要素看，在教学过程中的信息具体包括内容、编码、处理，教学设计和教学过程要充分考虑教学内容和方法的选择。

最后，从信息传递的通道看，不同的传播媒体以及它们与传递信息的匹配将对人的感觉引起不同的刺激，从而影响传递效果，强调教学资源的合理利用对教学设计的重要意义。总之，贝罗的传播模式为教学设计提供了一个较全面的理论依据，教学设计可以在这一基础上把教学信息传播过程作为一个整体来研究，从而使教学更加有效。

3. 香农的传播模式

1949 年，信息论创始人、美国数学家香农与韦弗一起提出了传播的教学模式，为后来的许多传播过程模式打下了基础，并且引起人们对从技术角度进行传播研究的重视。香农的传播模式强调传播过程中的反馈，并认为传者和受者都是积极的主体，传播是一种双向的互动过程。香农认为，传播必须经编码和译码过程，编码就是要把所传递的内容用符号表示出来，在教学中编码就是教师备课和如何授课，译码就是解释符号，指学生对教学信息的理解。有效的传播必须是传者与受者有相当一部分的"经验重叠"。同时还引入了"噪音"概念，它指的是一切传播者意图以外的、对正常信息传递的干扰。构成噪音的原因既可能是机器本身的故障，也可能是来自外界的干扰。克服噪音的办法是重复某些重要的信息。这样，传播的信息中就不仅仅包括"有效信息"，还包括重复的那部分信息即"冗余"。传播过程中出现噪音时，要力争处理好有效信息和冗余信息之间的平衡。冗余信息的出现会使一定时间内所能传递的有效信息有所减少。

这样，要实现有效的教学，就要把学生的初始能力作为设计教学的起点，并在传播过程中排除其他干扰，因为这些干扰直接影响传播的效果。来自教师方面的干扰，表现为教师对教学内容掌握得不够，教学策略运用得不当等；来自学生方面的干扰，表现为对所学的内容没兴趣，学习时注意力分散等。教学信息的传播是通过教师和学生双方实现的，那么在教学设计过程中就要重视教与学两方面的积极性，充分利用信息反馈，对教学方式及教学内容进行控制，提高教学效率。

综上所述，传播过程的诸要素也构成了教学设计的基本要素，传播理论也成为教学设计的重要基础。其相应的如传播内容分析、受众分析、媒体分析、效果分析等领域的研究成果在不同程度上为教学设计中的学习内容分析、学习者分析、教学媒体的选择以及教学评价等环节所吸收。

（二）教学信息传播

教学信息传播的基本模式大致有三种：

（1）以教师为中心的传播模式。这种模式就是教师讲、学生听。教师把教材中的信息转化为声音或文字，在课堂向学生传授，学生通过听课、做笔记接收信息。这种模式的主角是教师，教师是信息的主要来源，是整个传播过程的控制者。特点是在教师的控制下，主要从书本中学习，传递和接收的主要是教材的知识信息。这种模式的代表性人物是法国教育家赫尔巴特，他提出了著名的四段教学：明了——教师给学生明确地讲授新知识，联想——把新知识与旧知识联系起来，系统——教师做出概括和结论，方法——让学生把所学知识应用于实际，主要是通过习题解答和书面作业等。后来四段教学发展为五段教学法，这五段教学法即预备、提示、联系、综合、应用。这种模式的教学传播在人类教育史上影响极大，它适应了大机器的生产对统一规格人才培养的需要，因此在许多人心里是根深蒂固的。

（2）以学生为中心的传播模式。这种模式是学生直接研究教材，面对知识信息的源泉，依靠自己的力量去获取新知识。教师作为指导者，帮助学生实现预定的学习目标。该模式的主角是学生，学生是传播过程的主要控制者、信息的主要来源。特点是以个人生活实践或直接经验为学习的中心，从活动中学习。这种模式的早期代表人物是美国教育家杜威，他提出从做中学的思想，主要包括：活动——学生从事一个感兴趣的活动，问题——在活动中遇到了问题，知识——为了解决问题去占有有关知识的资料，方法——想出解决问题的方法，验证——通过应用来检验他的想法是否有效。这种模式在美国心理学家布鲁纳那里得到了进一步的发展，形成了布鲁纳的发现法教学法。这种模式引发了新的教育思想的革命，在很大程度上动摇了教师中心的模式，成为今天素质教育和有效教学的理论先导和实践基础。

(3) 以问题为中心的传播模式。这种模式是教材以问题的形式出现，学生和教师通过对问题的研讨，共同寻求正确的答案。该模式的主角可以是教师，也可以是学生。特点是从研讨中学习。目前流行的问题教学、研究性学习都与这种模式有关。其模式是发现问题、分析问题、提出假设、检验假设。

## 二、教学信息传播中的教学设计思想

### (一) 有效的表征教学信息

教学表征是指教师通过恰当的形式把教学信息转换成学生能够接收的信息，并通过适当的信息传输的通路传输给学生。在教学活动中，教师一般是运用图形、文字、语言、动作等方式来表征和编码教学信息，以作用于学生的听觉、视觉等器官，而且同一信息可以使用不同的表征方式。同一种信息的不同表征会在同一组学生中产生不同的心理表象，这是我们强调有效教学信息表征的意义。教师如何表征、转换信息，选择何种信道传输信息，应考虑学生认知活动的水平和特点。心理学研究表明，信息的编码方式不同，记忆的效果不同。人的心理发展水平，尤其是认知发展水平与信息的心理表征能力和特点密切相关。教师表征教学信息的方式决定着学生对信息意义的理解速度、记忆保持程度，也反映了学生的知识状况、理解水平和心智能力。因此，教师必须依据教材，选择符合学生认知发展水平的教学信息的表征形式。有效地转换和表征教学信息主要有以下几种策略：

1. 直观而丰富的表象。教师运用各种直观化的教学措施，把抽象的信息直观化，从而使教学信息更容易理解和接收。心理学研究表明，运用直观手段表征教学信息有助于唤起学生丰富的表象，从而增强信息的接受效果。直观的表征形式主要有实物直观、模型直观、语言直观，还可以通过姿态语言等非语言方式转换与表征信息。用直观、生动、形象的方式传递教育信息有利于学生学习兴趣的激发，许多教师的课堂学生不感兴趣，不是教师教得不好，而是教师没有激发学生的兴趣。我们常看到学生在课堂上昏昏欲睡，看起电视剧则兴高采烈，原因是信息传播的方式不同导致的结果，所以课堂教学设计要向电视剧"学习"。

2. 合理组织教学信息。合理组织教学信息，就是根据学科知识的特点和学生的实际，对教学信息进行合理组织、编码，使之形成有序的结构有效地转换信息，促进信息的有效转换。因此，在设计教学信息时，对知识应该有一定的规划，确定好知识的重难点和先后顺序，尤其是重视建立知识结构，使之成为相关联的信息整体。在教学设计过程中，要建立起教学内容上的联系，并把这种联系与学生的认知实际、经验实际联系起来，形成有效的教学信息传递。

3. 教学信息的动态化。教学信息的转换过程实质上是信息由静态到动态的变换过程，主要表现为从教材到教学设计的变换，从教案到讲授的变换，从讲授到学习的变换，从学习到应用的变换，即教材—设计—讲授—学习—运用不断循环的过程。需要说明的是，在这个过程中，课程是载体，学生是主体，教师是关键。

（二）有效传输教学信息

教学信息的传输是指教师把通过备课而转换的动态信息，通过教学过程，有计划、有系统地传递给学生，使之加工和接受成为自己知识体系中的内容。教学信息的传输是教学工作的重要环节，是提高教学质量的关键。有效传输教学信息必须注意以下几个方面：

1. 激发学习积极性和兴趣，形成乐于接收信息的心理倾向，奠定信息有效传输的基础。

2. 排除干扰，保持信息畅通。学生的心理状态、教学环境等都可能产生干扰信息。所以，强化教学情境设计，注意强化有意注意，克服无意注意的消极影响，保持教学信息有效传递。

3．信息明确、清晰，强调教师对教学内容的深刻挖掘和把握。

4．多渠道传输信息。相关研究表明，只通过听觉获取的信息，3小时后能识记60%，3天后能保持15%；通过视听结合获取的信息，3小时后能识记90%，3天后能保持75%。因此，教学过程中，应该充分调动学生视觉、听觉和触觉等多种感官参与信息的接受，提高教学信息的传递效率。

5．把握信息量度。学生在单位时间内能接受的信息是有限的，过多，超过学生的心理接受能力，信息传输会受到阻碍；过少，满足不了学生的心理需求，则造成智力浪费。适度量的信息传递，才能实现高效率的信息传递。

(三) 重视反馈教学信息

教学信息的反馈是指输出信息的结果对信息的再输出产生影响的过程。充分重视和发挥教学信息的反馈调控作用，就能实现对教学信息的认知和调控，从而提高教学效果，保证教师主导作用的发挥。怎样强化教学反馈呢？

1．善于接受教学反馈信息。教师要愿意、善于对自己的信息传递过程和效果进行认知监控，并通过这种反馈促进教学效果的改善。

2．教学信息的反馈应及时、全面、多向、多次。教学信息反馈是否及时，对学习有显著影响。教育的实验和教学实践都证明，反馈时间不同，学习效果不同。每天反馈比每周反馈的效果更好，每周反馈比几周后反馈效果更好，这说明反馈越及时，效果越好；教师对教学信息反馈的面越大，了解的学生越多，获取的反馈信息越准确，收到的效果就越好；教学信息的反馈，不仅有层次性，也有方向性，教学反馈既有对学生的反馈，也有教师自己的反馈，还有学生自己的反馈。所以，教师要及时给学生以反馈信息，引导学生进行有意识的自我调节和反省，并充分重视自我反馈，形成多向有效的反馈模式；教学信息的反馈不是一次完成的，它是多次性的。教学过程是一个不断生成的过程，因此，教学反馈也是一个不断产生、不断解决、不断深化的过程。缺乏经验的教师，在教学过程中容易出现或者是只注重应用阶段的反馈而忽视理解阶段的反馈，或者是习惯于先大量传输信息，后集中反馈，而不是把它看成是一个发展的过程，所以，难以获得最佳的教学效果。在有效教学设计过程中，以下四个阶段的教学反馈是十分重要的：一是温故知新阶段的反馈，以了解学生对新旧知识联系，知识迁移情况；二是理解新知识阶段的反馈，以了解学生对新知识的理解，对新思维的掌握；三是应用新知识阶段的反馈，以了解学生应用新知识解决问题的能力、方法和步骤；四是巩固知识阶段的反馈，以了解学生对新知识的掌握和对新旧知识联系和区别的掌握。

3. 认真分析反馈信息。教师对所获得的反馈信息应进行认真分析，分清主次，抓住主要问题，根据教学任务进行调节、控制。

（四）合理使用信息传播技术

现代科学技术与经济的发展，促进了信息传播技术的发展。第二次世界大战以后，特别是 20 世纪中叶以来，以计算机和通信技术为代表，信息传播技术进入了新的发展阶段。在现代信息社会，面对教育信息的激增以及不同知识层次的学生，教师在教学过程中应该如何恰当传递教学信息、优化教学过程和提高教学效率，这是教学信息传播技术要解决的问题。

1. 一般讲授技术

讲授技术即讲课，主要是通过语言传递知识信息，交流思想。它是最常用的课堂教学信息传播技术。讲授技术的最大优点是花费少，缺点是单向传递，缺乏互动和交流，不容易引起学生的兴趣和共鸣。如何最大限度地发挥讲授技术的优点，克服不足，这是有效教学设计过程中应该注意的问题。讲授一般有两种基本方式：一是以原理或知识体系为中心的讲课方式。这种讲课方式往往从一般性概括，即对基本观点的陈述出发，然后依靠解释、类比、例证、统计和证据等方法来证明基本观点，最后复述这个基本论点，做出总结。二是以问题为中心的讲课方式。这种讲课方式是从学生有意义的问题出发，然后教师阐述问题解决的标准，引导学生探求解决问题的办法，并根据标准分析评价各种办法。最后，教师从各种办法中指出解决这个问题最佳的办法。

无论什么样的讲授，有效的讲授应注意以下几点：(1) 讲课之前要备好课，要注意了解学生，钻研教材，熟悉课程标准，精选教法，把握相关的课程资源。(2) 讲课时，语速要适当并注意把备课中的预设与课堂教学中的生成问题结合起来。(3) 适当运用非语言传播，可以增强讲课效果，提高讲课质量。通过面部表情、头部动作、四肢动作、躯体身体语言传递教学信息，可以使教学更加生动形象，有助于增强教学效果。(4) 讲课时适当运用多媒体教学可以吸引和维持学生的注意力和兴趣。需要说明的是，多媒体教学只是教学的辅助手段，千万不要喧宾夺主。(5) 及时进行课后反思。是指教师对教育教学实践的再认识、再思考，并以此来总结经验教训，进一步提高教育教学水平。教学反思一直以来是教师提高个人业务水平的一种有效手段，教育上有成就的大家一直非常重视。现在很多教师会从自己的教育实践中来反观自己的得失，通过教育案例、教育故事或教育心得等来提高教学反思的质量。

2. 多媒体教学技术

多媒体教学是指在教学过程中，根据教学目标和教学对象的特点，通过有效的教学设计，合理选择和运用现代教学媒体，并与传统教学手段有机组合，共同参与教学全过程，以多种媒体信息作用于学生，形成合理的教学过程结构，达到最优化的教学效果。

多媒体计算机辅助教学是指利用多媒体计算机，综合处理和控制符号、语言、文字、声音、图形、图像、音响等多种媒体信息，把多媒体的各个要素按教学要求，进行有机组合并通过屏幕或投影机投影显示出来，同时按需要加上声音的配合以及使用者与计算机之间的人机交互操作，完成教学或训练过程。多媒体教学通常指的是计算机多媒体教学，是通过计算机实现的多种媒体组合，具有交互性、集成性、可控性等特点，它只是多种媒体中的一种。

在课堂教学过程中，计算机多媒体可以调动学习者的眼、耳、口、手、脑等多种器官，使其积极思维，主动记忆，通过联想、操作、探讨、发现、总结，不断反馈，不断修正，使教学形式更加活泼，创造良好的学习环境和气氛，把学习者以往通过其他媒体单向的、被动式学习变成主动的、有选择、有反馈的交互式学习。因此，计算机多媒体教育传播系统在提高学习者的积极性和主动性、提高教学效率和教学质量方面所产生的效果，是目前其他媒体所无法比拟的。按照信息论的观点，教学过程也是一个信息传播（教育信息传播）的过程，在这个传播过程中有其内在的规律性和理论，所以课堂教学设计也应当以信息传播理论作为理论基础。

## 第二节　学习理论与教学设计

学习理论是研究人类学习的本质及其形成机制的心理学理论，教学设计正是为了促进学习者有效地进行学习而创造的一门科学。教学设计要根据学习者的学习需要，为学习者确定不同的教学目标，制定不同的教学策略，选择不同的教学媒体，设计不同的实施方案，以实现促进学习者学习、提高教学质量的目的。实现这一目标，离不开学习理论的支持。[1]

20世纪70年代末自加涅提出的"为学习设计教学"口号，学习理论日益成为教学设计的重要理论基础。当前学习理论主要包括行为主义学习理论、认知派学习理论、人本主义学习理论和建构主义学习理论。尽管学习理论各流派的具体思想并不完全相同，但在总体上也有其共同功能：一是学习理论给研究者提供了学习领域的知识以及分析探讨和从事学习研究的途径和方法。学习理论是人们对学习问题进行科学研究的指南。二是学习理论对有关学习法则的大量知识加以归纳和概括，使其进一步系统化、条理化和规范化，以便于学习者掌握。三是学习理论要解释学习的发生和发展过程。说明为什么有的学习者学习能获得良好的效果，有的则效果不佳。学习理论不仅告诉人们的是"应该如何"学习，也揭示了"为什么"要这样学习，而不要那样学习的原因。

### 一、行为主义学习理论的教学设计观

学习理论最早研究始于20世纪20年代初的行为主义，主要以桑代克的联结

---

[1] 王丽娟.教学设计[M].海口：南海出版社，2003：28.

主义学习论、巴甫洛夫的条件反射论、斯金纳的操作学习论为代表。他们的具体观点有所不同，但总体来说，行为主义学习理论强调刺激—反应的联结，该理论认为能够根据提供的刺激来预测或控制学习者的反应。有什么刺激，就有什么反应；对学习者的反应做出及时的强化（包括正强化和负强化），有利于对学习行为的获得。在行为主义者看来，学习的产生是外控的，学习是一种被动完成、循序渐进、积少成多的过程。承认环境、刺激对人的作用，承认学习是个渐进的过程是行为主义的积极意义，但是行为主义在一定程度上又否认人的主动性，把人的学习看成是被动的、机械的过程是应该克服的。由此形成了行为主义学习理论的教学设计观。

1.行为主义的教学目标：在桑代克看来，教育的目的就在于把其中的某些联结加以永久保持，把某些联结加以消除，并且把另一些联结加以改变或利导。因此，教学的目标就是帮助个体形成刺激—反应的联结，形成相应的行为习惯和技能。行为主义者追求教学目标的精确化和具体化，提出用可观察行为动词界定各类教学目标（包括价值观和态度教学）并依此进行教学传递和评价。在实际教学中，具有行为主义立场的教师，往往着眼于学生通过教学活动能记住多少材料或者是否学会某种技能。传统的行为主义者主要研究人的外显行为，认为学习过程与内部心理过程无关，只要控制外部刺激，就能控制和预测学习效果。

2.行为主义教学内容：斯金纳认为，一个有机体主要是通过在其环境中造成的变化来进行学习的。学习的关键在于如何呈现教材，即设计出恰当的程序化教材。行为主义者往往将教材作为一种终极目标，是教学的法定依据。一切教学活动都是从教材开始，也是到教材结束。因此，教材几乎是唯一的教学内容。

3.行为主义教学过程：行为主义者强调知识的准备，认为凡是有效的教学、凡是正确的刺激反应都是有充分准备的，并把这个观点称为"准备律"；教学遵循由简单到复杂、由个别到一般、由具体到抽象的原则，并以程序化的方式进行，他们把这个观点称为"试误的过程"，也叫程序化，也称为程序教学。程序教学的步骤如下：（1）确定学生所需要掌握的知识和达到的技能。（2）小步子呈现信息。将刺激物比如教材分成许多个小片段，依照由简单到复杂的顺序一步步地呈现于学生的眼前。两步之间增加的难度是很小。（3）学生对刺激物做出积极的反应和教师对学生的反应做出即时的反馈。假如学生的答案是正确的，教师给予奖励或者表扬以示强化，鼓励学生有信心去解决下一个问题；假如答案是错误的，教师指出错误的原因，并引导学生一步步地去解题，一直到掌握了这个知识点，才可以进入下一个问题。这个教学过程主要是教师程序讲授的过程，学生仅是被动的知识接受者。

4.行为主义教学评价：与行为主义教学目标相联系，行为主义的教学评价也有其特点：一是往往用"动词"表示教学目标的实现情况，例如"知道""了解""记住""掌握"等字眼；二是强调及时练习，设计经常性的练习，一般在一个知识点或一节课后，就要及时练习、测试；三是往往选择具有确定性的题目和方式进行测验，如填空题、正误题、选择题等所谓标准考试试题；四是强调答案的唯一标准，一般不允许有悖于教材的答案。可见，行为主义学习理论重视学习确定性结果的评价，对强化基础知识是有作用的，但是这种只注重学习结果、忽视学习过程的教学设计对学生创造性的生成是不利的。

## 二、认知派学习理论的教学设计观

认知学派的学习理论兴起于 20 世纪 50 年代。现代认知派学习理论主要以布鲁纳的认知结构学习理论、奥苏伯尔的认知结构同化理论以及 50 年代兴起的信息加工学习理论为代表。

布鲁纳提倡发现学习。他认为，教学不应当使学生处于被动接受知识的状态，而应当让学生自己将事物整理就绪，使自己成为知识的发现者。他主张学生在学习情境中，经由自己探索而获得问题的答案。但发现学习只有在有结构的学习情境中才会发生，因此应当把教材做适当组织，使其体现出知识的结构性，在发现学习的过程中，教师应当只呈现有关线索或例证，让学生通过直觉思维和归纳推理得出例证之间的内在联系，从而形成有关学科内容的基本结构。

奥苏伯尔提倡有意义的接受学习。他认为，尽管发现学习具有重要的价值，但在实际的课堂教学中，运用更多的是接受学习。接受学习未必就是被动、机械的，只要满足了有意义学习的条件，它同样是主动的学习。什么是有意义学习，是指符号表达的新观念与学习者认知结构中的有关观念建立实质性和非人为的联系的过程。其前提条件有三：一是学习材料的逻辑意义，二是有意义学习的心向，三是学习者认知结构中必须具有适当的知识，以便与新知识进行联系。因而，他主张运用引导性材料，使要学习的新材料与学生原有的知识清晰地联系起来，为学习新的、较为具体的信息提供框架，以此奠定有意义接受学习的基础。认知学派的学习理论试图在澄清学习的内在心理过程的基础上促进学习，这弥补了行为主义学习理论忽视学习的内部过程的不足。但是它把注意力更多地集中于个体的认知方面，而对学习的情意方面和社会互动过程给予的关注较少，这也是认知主义理论的问题所在。在此基础上形成认知派学习理论的教学设计观。

1.认知主义教学目标：认知派学习理论在教学目标设计时，注重学生对知识结构和方法的掌握并形成相应的认知结构。如在奥苏伯尔的有意义学习理论中，着重强调了概括性强、清晰、牢固、具有可辨性和可利用性的认知结构在学习过程中的作用，并把建立学习者对教材的清晰、牢固、适当的认知结构作为教学的主要任务。

2.认知主义教学内容：认知派学习理论不把教材作为一种目的，而是作为一种教学的素材，最终目的在于借助教材使学生掌握更多的文化知识，发展相应的能力。因此，在教学过程中，必须对教材进行新的加工，使它们能够用来重组自己的知识。

3.认知主义教学过程：与行为主义者相比，认知主义者更加重视学生的心理准备状态，而不像行为主义那样更重视知识准备。他们认为，"与其说教学目的的实现是旧知识的引申，毋宁说教学的目的是通过发展学生的认知水平实现的，而学生的认知水平很大程度上在于他们的认知愿望、情感的要求"。具有认知主义观点的教师上课时不是先要复习旧知识，然后开始新课，而是先把富有"挑战性"的课题摆在学生面前，激发学生的认知兴趣，然后追索旧的知识和经验，在知识和人的经验中寻求问题的答案。而且他们认为教学过程是不断产生和爆发思想火花——顿悟的过程。在整个教学过程中，他们承认学生的主体性，把教学过程作为学生自主发现的过程。教师往往将教材以问题的形式呈现给学生，这些问题旨在引起学生认知冲突，而不是一些事实性的问题，然后让学生提出各种各样的假设去验证假设、解决问题。认知主义的教学过程是值得我们借鉴的。

4.认知主义教学评价：认知主义者认为学习是学习者的知觉与外界事物交互作用的过程，因此，他们重视把测验的目标放在弄清每个学生是否能够应用适当的知识去解释问题，看学生对问题的回答是否同他所占有的资料或事实一致，看学生在问题回答过程中是否清晰严密，论题、论据和结论是否前后一致等。因而，他们往往编制以问题为中心的测试卷，或者主张以论文的写作作为测验的主要手段。一次测验往往是由三四个甚至更少的问题构成的；对问题答案的评判往往是相对的，亦没有严格意义上的标准答案；对测验的评价也不强调教师的权威而往往借助于学生集体的讨论和评价。[1]

## 三、人本主义学习理论的教学设计观

人本主义是20世纪50年代末60年代初兴起、60～70年代迅速发展的心理学流派，它是在对行为主义和认知学派的相关理论进行反思和批判的基础上形成的。主要代表人物主要有马斯洛、罗杰斯等。以罗杰斯的"以学习者为中心"的学说为代表。其心理学的基本原则是：心理学必须关心人的尊严；重视人的主观性、意愿和观点，不论是有意识的还是无意识的；心理学家应该研究人的价值、人的创造性和自我实现等。强调学习过程中人的因素。所以，基本的学习观点是：必须尊重学习者；必须把学习者视为学习活动的主体；必须重视学习者的意愿、情感、需要和价值观；必须相信任何真正的学习者都能自己教育自己，发展自己的

[1] 胡学增、沈勉荣、郭强.现代教学论基础研究[M].西安：陕西人民教育出版社，1996：112-113.

潜能，并最终达到"自我实现"；必须在师生中间建立良好的交往关系，形成情感融洽、气氛适宜的学习情境。

人本主义学习理论有一个基本假设：每个正常的人犹如一粒种子，只要能给予适当的环境，就会生根发芽、长大并开花结果。每个人在其内部都有一种自我实现的潜能。而学习就是这种天生的自我实现欲的表现。基于这种观念，人本主义学习理论的重点，是研究如何为学习者创造一个良好的环境以使学习者从他自己的角度来感知世界，如何发展个人对世界意义的形成，从而达到自我实现的最高境界。显然，人本主义学习理论与只重视环境刺激、外显行为的行为主义学习理论和只重视认知发展的认知主义学习理论是不同的，在人本主义学习理论看来，真正的学习关系到整个人，而不仅仅是为学习者提供材料。真正的学习经验能够使学习者发现他自己独特的品质，发现他自己作为一个人的特征。因此，学习过程不仅是学习者获得知识的过程，更是发展健全人格的过程。这无疑是很有价值的。但是，它的一些观点缺乏实验研究的基础，有随意性、臆想性的倾向，且在实践中不易把握、操作。另外，它忽视了学生受动性的一面，容易导致教学中的放任主义，这也是应该注意的。人本主义学习理论的教学设计观主要内容是：

1.人本主义教学目标：强调个性与创造性的发展。对于"人为什么要学习"这个问题，罗杰斯认为无非是为了实现自我的需要。因此，帮助学生自我实现应成为教学的唯一目标。他强调教学要发展学生的个性，充分调动学生学习的内在动机，并要求创造和谐融洽的教学人际关系，教师是学生的"促进者""辅导者""帮助者""合作者"，是为学生自我实现的存在者。这无疑对克服传统教学忽视培养个性发展功能、学生学习的主动性不够等弊端非常有利。

2.人本主义教学内容：强调学生的直接经验。罗杰斯认为学习并不只受环境的支配，学习者可"自主发动学习"，自由选择学习内容，学习成为学习者自己的学习。教师要为学生创设真实的问题情境，并用这样的情境，提升学生的学习兴趣和内在的学习动机，由此引起学生自主发动的学习与选择。

3.人本主义教学过程：从教师如何教好到研究学生如何学好的转变，是人本主义学习理论的重要起点。基于这样的思考，人本主义学习理论提出了"自由发展"的教学过程观。罗杰斯对"自由"有特殊的理解，认为自由不是外在的给予，而是内在的"个人对自己是一个显示过程的认识"，"是使人敢于涉猎未知的、不确定的领域，自己做出抉择的勇气这样一种品质"。教学过程就应该是让学生在安全的心理气氛中不断释放内在能量的过程，而自由发展是实现先天能量的最好条件。教学要为学习者创造一个良好的环境，让学习者从他自己的角度来感知世界，发展个人对世界的意义，达到自我实现。强调教学的任务就是创设一种有利于学生学习潜能发挥的情境；教师的任务是帮助学生增强对变化的环境和自我的理解，而不应该像行为主义学习理论那样，用安排好的各种强化去控制或塑造学生的行为。

在教学方法上，主张以学生为中心，鼓励学生自我选择、自我发现。罗杰斯由此确定了"情意教学论"和"以学生为中心的教学模式论"的人本主义教学观念。

4.人本主义教学评价：人本主义学习理论强调自我评价，反对由他人评价学习者的评价形式，让学习者自己对学习的目的以及完成程度进行评价，并认为只有学习者自己决定评价的准则、学习目的以及达到目的的程度并负起责任，才是真正的学习。

## 四、建构主义学习理论及其教学设计观

20世纪90年代以来，建构主义学习理论在吸收认知主义关于认知加工观点的基础上，提出自己对学习过程本质的不同看法。主要代表人物首推杜威、皮亚杰和维果茨基三人。

建构主义者更强调知识主观性的一面。在他们看来，学习是学习者根据自己的信念和价值观对客体或事件进行解释的过程，而每个人对客体和事件的诠释都会受到自身的知识背景、性别、年龄、族群等因素的影响，认为"我们对他人观点的理解从来不会超出我们所能理解的"，因此，知识不是简单地由教师传递给学生，而是需要由学习者主动地建构到自己的脑海里，学生不是"得到"想法，

而是"产生"想法。换句话说，对学习者而言，知识不是习得的，而是建构的，它存在于心理而不是外部世界中。他们认为，反思是学习的关键成分；认知冲突或疑问是学习的激励因素，并决定着学习内容的性质和组织。建构主义学习理论对于知识的建构性、生成性和学习的自主性的强调，对于突出学习者的主体地位具有积极的意义。[1]

建构主义学习观是一种全新的学习理论，它对我们进一步认识学习本质、揭示学生学习规律、指导教学设计具有积极的意义。

1.建构主义教学目标：从建构主义的观点来看，教学应该是一个学习者主动利用经验和已有知识建构知识的过程。因此，教学目标被"意义建构"所取代，使得"知识"这一概念含糊、笼统。建构主义教学观强调培养学生借助已有的知识经验主动建构新知识的能力，具体地说，也就是要培养学生的自学能力、研究能力、思维能力、表达能力和组织管理能力，让学生学会认知，学会做事，学会共同生活，学会生存。

2.建构主义教学内容：建构主义者特别是激进的建构主义者，一般强调知识并不是对现实的准确表征，它只是一种解释、一种假设，它并不是问题的最终答案，而且知识并不能精确地概括世界的法则，在具体使用中，需要针对具体情境进行再创造。因此，课本知识是一种关于现象的较为可靠的假设，而不是问题的唯一正确答案。学生对这些知识的学习是在理解基础上对这些假设做出自己的检验和调整的过程。因此，作为教学内容的课本知识并不是唯一的教学内容。

3.建构主义教学过程：教学不是知识的传递，而是知识的处理和转换。建构主义提倡情境性教学。认为，学习者的知识是在一定的情境下，借助他人的帮助，如人与人之间的协作、交流、利用必要的信息等，通过意义的建构而获得的。因此，教学应使学习在与现实情境相类似的情境中发生，以解决学生在现实生活中遇到的问题为目标。

---

[1] 郝战成.课堂设计与教学策略[M].北京：华文出版社，2010：22.

学生从外部刺激的被动接受者和知识的灌输对象转变成知识意义的主动建构者；教师的文化传承执行者的角色转向学生知识意义建构的帮助者、协作者、组织者和促进者。因此，教学模式由以教为主转变为以学为主。在以学为主的教学模式中，因为采用了自主学习策略，比较成熟的教学方法主要有以下几种。（1）支架式教学。支架式教学要求教师要把复杂的学习任务加以分解，以便于把学生的理解逐步引向深入。借用建筑行业中使用的脚手架作为形象化比喻，其实质是利用"脚手架"的支撑作用，不断地把学生的智力从一个水平提升到另一个新的更高水平，真正做到使教学走在发展的前面。（2）抛锚式教学。要求建立在有感染力的真实事件或真实问题的基础上，确定这类真实事件或问题被形象地比喻为抛锚。认为学习者要想完成对所学知识的意义建构，最好的办法是让学习者到现实世界的真实环境中去感受、去体验以获取直接经验，而不是仅仅聆听别人的介绍和讲解。（3）随机进入教学。在教学中要注意对同一教学内容，要在不同的时间、不同的情境下，为不同的教学目的、用不同的方式加以呈现。换句话说，学习者可以随意通过不同途径、不同方式进入同样教学内容的学习，从而获得对同一事物或同一问题的多方面的认识与理解，这就是所谓随机进入教学。显然，学习者通过多次进入同一教学内容将能达到对该知识内容比较全面而深入的掌握。

建构主义的教学方法尽管有多种不同的形式，但又有其共性，即它们的教学环节中都包含有情境创设、协作学习。在协作、讨论过程中当然还包含有对话，并在此基础上由学习者自身最终完成对所学知识的意义建构。

4.建构主义教学评价：（1）教学评价是以学为主。建构主义学习理论提倡以学习者为中心，改变了行为主义以教为主的评价，强调学习者的认知主体作用，教学评价的对象自然从教师转向学习者，如学生的学习动机、学习兴趣、学习能力等。当然也对教师进行评价，但评价的出发点从"教"本身，变成教是否有利于学生的"学"。（2）教学评价标准从知识转向能力。在传统教学模式下，对学生的评价更多以对教师所传授知识接受的数量多少、掌握程度的深浅等为标准。

而以学习者为中心的教学评价，不仅评价对象从教师转到了学生，评价的标准从知识转向了能力。对教师评价更加关注教师是否为学习者创设了一个有利于意义建构的情境，是否能激发学习者的动机、主动精神和保持学习兴趣，以及是否能引导学生加深对基本理论和概念的理解等。（3）教学评价的方法转向形成性的自我评价。在建构主义教学模式中，因为采用了自主学习策略，学习者可以按照自己的认知结构、学习方式，选择自己需要的知识，并以自定的进度进行学习，所以评价方法也多以个人的自我评价为主，评价的内容也由掌握知识数量的多少，转向自主学习的能力、协作学习的精神等。同时，由于学生进行的都是自我建构的学习，对于同样的学习环境，不同学生学习的内容、途径可能相关不大，如何客观公正地对他们学习的结果做出评价就变得相当困难。很明显，对他们实施统一的客观性评价是不合适的，采用形成性评价是建构主义教学的有效办法。

总之，随着学习理论的不断发展和融合，相应的教学设计思想也日趋丰富，但是我们应该认识到，学习理论本身并不是一个完全成熟的理论，也是一个发展中的理论，它的许多结论是在某种特定条件下得到的。但是，在这些理论的学习中我们发现了它们的可贵之处，给我们的教学理论发展提供了营养，这也是今天我们学习这些理论的意义所在。

## 第三节　教学理论与教学设计

教学理论是为解决教学问题、研究教学规律的科学。教学设计是科学地解决教学问题、提出解决方法的过程。为了更好地解决教学问题，我们将结合教学理论的形成和发展来介绍相关的教学设计理念。

### 一、教学理论的形成与发展

古今中外的教学理论研究和发展为教学设计提供了丰富的科学依据。当代教学设计理论的形成与发展，离不开古代教学思想的滋养。在人类漫长的发展历史上，东西方教学理论一直是教学设计发展的共同基础。

（一）教学理论的形成

古代教学理论的出现。我国教学论思想源远流长，古代儒家教学思想至今在教的方法、学的方法以及教与学的关系上仍对我们有许多影响。如孔子的"学而知之"、"多闻"、"多见"、"学而不思则罔，思而不学则殆"、"举一反三"、"循循善诱"、"因材施教"和孟子的"循序渐进"、"专心有恒"等精辟的论断。又如《学记》中提出的"教学相长"、"及时施教"、"启发诱导"诸原则和"问答法"、"练习法"、"讲解法"等教的方法。古代西方教育思想家苏格拉底、柏拉图、亚里士多德、西塞罗、昆体良都为人类贡献了丰富的教育思想，形成了东西方教育思想史上交相辉映的黄金时代。

近现代中国一些进步思想家和教育家，如梁启超、蔡元培、徐特立、陶行知、陈鹤琴等倡导的教学要重视发展儿童的个性，从他们的特点出发，培养儿童独立学习能力的主张也对今天我们强调从学生出发和对学习者进行分析有不少启迪。与此同时，国外教学思想有了更大的发展。

近代教学理论的形成。捷克教育家夸美纽斯在他的《大教学论》中对教育目的、内容和直观性、自觉性、系统性、巩固性和教学必须适应儿童年龄特征和接受力等教学原则做了比较系统的阐明，并提出了学年制和班级授课制。法国卢梭充分肯定儿童的积极性及其在教学中的作用，并提出观察法、游戏法。德国的第斯多惠提倡发现法，指出不仅要用知识来充实儿童头脑，而且要发展他们的智力和才能，并提出"一个坏的教师奉送真理，一个好的教师则教人发现真理"。还有德国赫尔巴特和瑞士的裴斯泰洛齐在教学活动程序上的探索等。现代发展期，美国杜威反对传统的"教师中心"和"课程中心"，主张"儿童中心"和"做中学"，并提出五步教学法，尽管对教师在教学中的主导作用和系统科学知识的学习有所忽视，但对反对传统教学的弊端很有积极意义。

1806年赫尔巴特出版了《从教育目的演绎出来的普通教育学》，即《普通教育学》一书，此后，又于1835年出版了《教育学讲授纲要》一书。在赫尔巴特的教育学体系中，以实践哲学（即伦理学）和心理学作为理论基础，提出教育学作为一种科学，是以实践哲学和心理学为基础的，前者说明教育的目的，后者说明教育的途径、手段与障碍。赫尔巴特从目的和手段出发构建他的教学理论体系，提出了著名的教学四阶段论：明了、联系、系统、方法。其中每一阶段都规定了教师教的具体任务和活动方式，并依据观念心理学，详细划定学生心理活动的范围和内容，使各个教学环节与各种必要的心理活动有机地结合起来，形成现代教学理论的框架。

教学理论的发展。曾经听过赫尔巴特课的席勒信奉赫尔巴特的目的观和兴趣论，但是，就教学手段问题，他提出了自己的意见。其中最重要的是文化阶段说、中心统合法与五段教学法。他认为，人类文化发展阶段与儿童心理发展的程序相当，教学应根据这种理论，并把它作为教材选择与编排的准则，主张采用以从古到今的文化为中心的教材，来陶冶儿童的情操。中心统合法是关于教材之统合的意见。他还将赫尔巴特四阶段中的"清楚"分解为"分析"与"综合"，而成为分析、综合、联想、系统、方法五个阶段。

席勒的学生莱因继承了赫尔巴特和席勒的思想，但是在教学阶段上，认为席勒所用的名称不适合实际，故改用预备、提示、联合或比较、总括与应用五个阶段。这就是曾经或正在继续影响世界各国教师的"五段教学法"。

应该说相对于赫尔巴特本人，席勒、莱茵对赫尔巴特教学理论的理解是有出入的，至少是不全面的。但他们的宣传使其更为简单易懂，于是就形成了在世界教育史上具有重要影响的赫尔巴特学派教学理论。从此，一种相对独立的教学理论诞生了，它对以后的教学理论的发展具有重要的影响和意义。

赫尔巴特教学理论在其弟子的补充、完善过程中，逐渐形成了教学理论上的赫尔巴特学派。赫尔巴特学派的教学理论发展，主要沿着两条线前进：一是哲学取向的教学理论。这种取向的教学理论习惯上被称作是"教学论"，它的特征是关注教学的目的伦理或内容（认识论），并坚持哲学的思辨与理论化建设。这种理论对德国、前苏联、日本和我国影响最为深远。二是心理学取向的教学理论。心理学取向的教学理论习惯上被称作是"教学理论"，特征是关注教学的程序、方法与心理问题，并坚持采用心理实验或实验方法。这种理论对美国教育的影响最为深远，并经美国实用主义哲学和行为心理学、认知心理学、人本主义心理学的继承与改造，导致了教学研究的心理取向的教学理论在美国的产生和发展，如新行为主义心理学家斯金纳的程序理论、布鲁纳的认知教学理论等。

（二）教学理论的中国化

赫尔巴特学说最早传入我国是在 20 世纪初。当时正值清末废科举、兴学校之际，由于采用班级授课制，对课堂教学的规范化要求非常迫切。一批力图从西方寻找真理、学习西方经验的有识之士，"取法日本"，把日文版的赫尔巴特学派的教育思想和教学方法介绍到中国。但是，对我国的教学理论发展影响最深的还不是赫尔巴特本身的教学理论，而是"苏联版"的赫尔巴特——凯洛夫。原因是解放初期，我国全面引进前苏联教育学。中国的教师比前苏联的教师更信奉凯洛夫。每堂课必须按教案进行，五个阶段非常清晰，甚至规定好时间，这种教学方式在相当长的时间里对中国的基础教育产生重要的影响。五段论教学在中国大行其道。组织教学 1—2 分钟、复习旧知识 5—10 分钟、讲授新知识 15—30 分钟、巩固新知识 10—15 分钟、布置作业 2—5 分钟。这种教学模式因为简单、可操作，加之对前苏联的政治依赖，成为中国基础教育的主导理论，其影响难以估计。

20世纪50年代中期之后，我国开始探索教育学的"中国化问题"。人们开始反思，"中国教育＝社会主义教育＝苏联教育"这种简单的类推逻辑，曾经有学者认为教育学的中国化就是"马克思列宁主义教育学与中国教育实践相结合"[1]。一方面，引进国外教学理论，从解放初大量引进前苏联哲学取向的教学理论到20世纪80年代大量引进心理学取向的教学理论；另一方面，不断总结我国传统的教

---

[1] 瞿葆奎.关于教育学"中国化"问题[J].华东师范大学学报(人文科学版)，1997(04).

学历史经验，关注我国广大一线教师的教学实践，试图对原有的教学理论进行改造，创建反映中国特色的教学理论体系。可以说从20世纪90年代以来，我国教学理论研究取得了长足进步，涌现出了大量成果。目前在我国全面开展的课程改革就是建立在教学理论研究取得巨大进展的基础之上的。

## 二、教学理论的教学设计观

### （一）教学理论的教学目标

（1）提高效率是教学理论教学设计的基本目标。夸美纽斯发展了拉特克的观点，他在《大教学论》中申明自己的目的是："寻求并找出一种教学的方法，使教员因此可以少教，但是学生可以多学；使学校因此可以少些喧嚣、厌恶和无益的劳苦，多具闲暇、快乐和坚实的进步；并使基督教的社会因此可以减少黑暗、烦恼、倾轧，增加光明、整饬、和平与宁静。"[1]夸美纽斯在吸取当时的哲学成果基础上，提出"自然适应性原则"。开始思考和寻找支配教学活动的法则，这便是"自然的秩序"。根据这一原理，他划分了儿童的学龄阶段，主张建立全国统一的学校制度。夸美纽斯对现代教育发展最大的贡献无疑是倡导学年制和班级授课制。他提出，一切公立学校每年秋季招生一次，同时开学，同时放假；把学生按年龄或学力分成年级和班级；每班专用一个教室，由一位教师同时教导全班学生，全体学生在教师指导下做同样的功课；为每个年级制定统一的教学计划和课时表，使每年、每月、每周、每日、每时都有一定的教学任务；除平时考查外，学年结束时举行一次隆重的考试，使全体学生（除心智缺乏者外）能同时达到一定程度，升入高一年级。这就是著名的《大教学论》的基本内容，尽管这个理论在今天看来仍然有许多不完善的地方，诸如对学生个性关心得不够等，但是在当时的条件下已是很大的进步。

（2）教学中的德育目标。赫尔巴特继承欧洲教育个人道德本位的传统，认为"教育的唯一工作与全部工作可以总结在这一概念之中——道德"，"道德普遍地被

---

[1] 崔允漷.有效教学[M].上海：华东师范大学出版社，2010：34.

认为是人类的最高目的，因此也是教育的最高目的"[1]。

（3）培养兴趣。为了达到德行，赫尔巴特认为，教学必须特别包含较近的目的，这个较近的目的可以表达为"多方面的兴趣"。教学首先在于培养学生具有多方面的兴趣，使学生具有能正确地决定意志的思想范围。同时，赫尔巴特主张为成长着的一代将来能从事某种职业实施一定教育，帮助他们发展能力与兴趣。他针对多方面的兴趣，安排不同的学科，并认识到了同一学科可以培养多种兴趣。

（二）教学理论的教学原理[2]

在"自然适应性原则"这一方法论指导下，夸美纽斯努力寻求支配教学活动的一般法则和原理，从而使教学活动这一工具自身进入了理性的确证阶段，并使教学经验总结开始向教学理论过渡。具体表现在以下三个方面原理：

（1）直观原理。教学不应始于对事物的语言说明，而是始于对事物的观察。他反对经院主义引经据典、咬文嚼字的"文字教学"。他认为，知识的开端永远必须来自感官。如果得不到实物，就用图像、模型等直观教具代替。

（2）活动原理。教学不仅要使学生理解事物，同时还要使学生参与活动。活动是学生自身参与实践，可以借助练习来进行。他认为，各种活动全部应当凭借实际地采取行动来进行学习。

（3）兴趣与自发原理。对于儿童来说，求知的欲望是很自然的，因此不能用强制和惩罚的方法来强迫他们学习，应当使教学成为一种轻松愉快的事情；应当采取一切可能的方法，来激发儿童对于知识和学习的强烈愿望。学习应当符合年龄与理解力的发展阶段进行；知识的教学是基础工程，应当按照一定的顺序一步步地教学。

（三）教学理论的教学手段[3]

在赫尔巴特看来，教育手段主要涉及管理、训育、教学三个部分。

[1]　张焕庭主编.西方资产阶级教育论著选[M].北京：人民教育出版社，1979：259—260.

[2]　崔允漷.有效教学[M].上海：华东师范大学出版社，2009：35.

[3]　崔允漷.有效教学[M].上海：华东师范大学出版社，2009：36.

（1）管理就是要克服儿童的"不服从的烈性"，以维持教学与教育秩序，为实施教学创造条件。管理的主要措施是威胁、监督、命令、适度的体罚、权威和爱。

（2）训育是指"有目的地进行的培养"，目的在于培养"性格的道德力量"。他把训育的措施分成两大类：激发与抑制，即赞许与奖励、压制与惩罚。有些措施与管理相同，但在运用中却有区别，管理主要着眼于当前的作用，而训育注重儿童的未来。

（3）教学是赫尔巴特教育学体系的核心概念。他在教育学史上第一个明确提出"教育性教学"的概念，把道德教育与学科知识教学统一在同一个教学过程中。他认为，不存在"无教学的教育"，正如没有"无教育的教学"。要使知识影响道德品质的培养，学生必须对知识发生强烈的兴趣，从而产生坚强的行动意志。这种兴趣还必须是多方面的和平衡的，道德的培养才能是多方面的。在赫尔巴特看来，兴趣既是教学目的，同时又是教学手段。基于这样的思考，他努力摈弃以往教学中仅仅强调发展学生接受能力的做法，主张给予学生自己活动的自由，让他们充分发挥自己的创造性；除了课堂教学，还应重视让儿童进行其他各种活动，利用各种力量和场合对儿童开展教育。

（四）教学理论的教学形式

对"教学过程"的分析是赫尔巴特对教学"手段"的本质揭示。赫尔巴特认为，观念是人们认识世界最基本、最简单的要素，它是通过统觉——旧观念对新观念的同化作用而获得的。因此，教学过程是观念被统觉的过程，是从清楚明确的感知到与旧观念的联系以及扩大到应用的过程，即清楚、联想、系统和方法四个阶段，俗称"教学四阶段论"，每一阶段既明确地提出教师"教"的具体任务和活动方式，也清楚地规定学生"学"的具体要求和活动范围。尤其是每个教学阶段都围绕着观念心理学的论点，详细划定学生心理活动的范围和内容，使各个教学环节与各种必要的心理活动巧妙地配合，形成严密的教学步骤，如表2—1所示。

**图 2—1 赫尔巴特教学形式阶段表**

| 教学阶段 | 清楚 | 联想 | 系统 | 方法 |
|---|---|---|---|---|
| 掌握知识环节 | 钻研 | | 理解 | |
| 观念活动环节 | 静态 | 动态 | 静态 | 动态 |
| 兴趣阶段 | 注意 | 期待 | 探求 | 行动 |
| 教学方法 | 叙述 | 分析 | 综合 | 应用 |

这张图表第一次在班级授课制背景下，对教师的教学行为进行规范，极大地提高了教学效率。

赫尔巴特在追求教学理论科学化的过程中，试图在实践哲学方向（教育目的）和心理学方向（教育手段）的基础上把教育学理论系统化。但是，这种双重基础的构想反而使追求教育学在科学上的独立性的愿望落空了，致使教育学从诞生之时，就存在着二元取向，使教学理论走向思辨的哲学和实证的心理学这两个方向。

# 第三章 有效教学的情境设计

## 第一节 教学情境设计的意义

### 一、教学情境的概念

情境即情况、环境，是由外界、景物、事件和人物关系等因素构成的某种具体的境况。教学情境代表一种特殊的环境，是教学的具体情境的认知逻辑、情感、行为、社会和发展历程等方面背景的综合体，具有文化属性。

夸美纽斯在他的《大教学论》中指出，该书要阐明"把一切事物教给一切人们的全部艺术"。强调教学是种艺术，认为教师在所有教学活动中，应该综合利用语言、姿势、音乐、图片、板书、实物等教学手段，调动一切可以调动因素，努力营造学习氛围，创设教学情境，使学生形成良好的求知心理，引起兴趣，激发学生的学习情绪，从而提高教学效率和学生的学习效果。

行为主义学习理论认为，任何行为都是由特定环境或情境决定的，都是在"刺激——反应"的条件反射中形成的。心理学家华生进行了一项称之为"小艾伯特的实验"。小艾伯特是日托中心的一个健康、正常的幼儿，当时他只有11个月又5天。条件刺激是一只小白鼠。小艾伯特最初的反应是好奇，他看着它，似乎想用手去触摸它。无条件刺激是用铁锤敲击一段钢轨发出的声音，这显然是一种令人生厌的声音，这时小艾伯特的无条件反应是惊怕、摔倒、哭闹和爬开。在白鼠与敲击钢轨的声音一起出现3次后，光是白鼠就会引起害怕和防御的行为反应。在6次条件作用后，小艾伯特见到白鼠时会产生强烈的情绪反应。在小艾伯特1岁又21

天时，华生进行了一系列泛化测验，即在小艾伯特面前呈现小白兔、小白狗和白色裘皮大衣等。在每一种情况下，小艾伯特都表现出一种很强的情绪反应，类似于对白鼠的反应。这个实验在伦理上受到人们的诟病，但是却引起了心理学界对情景对人产生作用的认识。

生活中我们经常看到，购物中，年轻人常常会选择那些杰出的运动员推荐的产品。一个小女孩的妈妈对老鼠极为害怕，孩子就会学着妈妈的样子也害怕老鼠。这与社会学习理论提倡者班杜拉的观点如出一辙。他认为：几乎所有经由直接经验能得到的学习结果，都能从观察别人在一定情境中的行为中获得。设立一个恰当的楷模可以促发观察者的学习行为。也就是说，通过观察他人在一定情境的行为，能够有效地促进学习活动的发生。[1]

建构主义认为，学习者不是被动地接受信息，而是积极地参与意义建构过程的主动学习者。这个过程中，离不开新的情境和他们将先前的知识带入到新的情境中。学习者的学习是在一定的情境，即社会性背景下，借助其他人，包括教师和学习伙伴的帮助，利用必要的认知工具，通过双向意义建构的方式实现的。所以现代信息技术、教师的教学方式和方法改变、学习环境和情景的改变都成为建构主义学习的重要工具，能够有效地促进学生的认知发展。

自 20 世纪 80 年代末以来，情境认知已成为"融合"多种情境观的隐喻和促进学习向真实生活情境转化的重要的理论。[2]人们对教学情境的认识和实践都有了新的发展和变化，使它由日常概念逐步升华为一个具有特定意义的概念。这种教学情境环境不同于教学系统外的宏观环境（社会环境、自然环境等），它作为课程教学系统的内在组成部分，不仅应该具备物质的、真实的性质，而且应该具有心理的、人工的特征，是一种通过选择、创造、构建服务于学习的微观环境。

---

[1] Ｄ·Ｈ·申克.学习理论：教育的视角[M].南京：江苏教育出版社，2003：78.

[2] Ｄ·Ｈ·乔纳森主编，郑太年等译.学习的理论基础.上海：华东师范大学出版社，2002：69－73.

## 二、教学情境设计的意义

### (一) 改善教学结构

教学情境是情感环境、认知环境和行为环境等因素的综合体，即教学活动进行的过程中，由师生的主观心理因素如情感、兴趣、意志等和客观环境因素如由教学手段创设而形成的自然现象、自然过程和社会形象等构成的一定的教学氛围和场景，简而言之，就是"情"与"境"的有机融合。好的教学情境总是有着丰富和生动的内容，不但有利于学生全面发展，也有利于学生个性的形成。好的教学情境不仅可以激发学生的求知兴趣和探索欲望，促进对知识和方法的理解和掌握，在知识的获取过程中提高思维和认知能力，还可以在师生融洽的双边交流中使学生体验和谐，陶冶情操。

《基础教育课程改革纲要（试行）》指出："教师在教学过程中应创设引导学生主动参与的教育环境，激发学生的学习积极性，培养学生掌握和运用知识的态度和能力，使每个学生都能得到充分的发展。"现代教学方式与形态发生着重大变化，教师不再是唯一的知识来源，应该成为教学情境的安排者，教学探索问题的提供者，学生学习与发展的激励者、辅助者，为学生提供多角度引领和协助，让学习者能主动地、开放地学习。

### (二) 更新教学理念

传统教学对学习基本持"去情境"的观点，认为知识一旦从具体情境中抽象出来，成为概括性的知识，它就具有了与情境的一致性，反映了具体情境的"本质"。因此，对这些概括性知识的学习可以独立于情境脉络而进行，而学习结果也可以自然地迁移到各种真实情境中。然而，情境脉络总是具体的、千变万化的，各种具体情境之间并没有完全普遍适用的法则。因此，抽象概念、规则的学习往往无法适应灵活、具体的情境变化，学习者常常难以用学校获得的知识解决现实世界中的真实问题。

情境认知理论认为，知识是分布式存在的，即知识普遍存在于学习者、日常生活工具、媒体、教材与文化脉络中。[1] 或者说，知识的意义分散在人们所处的情境中，是人与情境交互作用下的产物，因而是无法从情境中单独隔离出来的。当人们进行学习的时候，是与整个情境互动的，并从不同的资源背景中比较、廓清，进而真正了解知识的意义。就像一个词汇的意义，是由所处的句子来决定，而句子的意义，又是由句子所在的段落背景来定义。简言之，一个没有上下文的词汇，可能毫无实用意义。

现代的教与学已经不仅仅是行为主义所认为的"学习是反应的强化"，以及客观主义所认为的"学习是知识的获得"等隐喻的载体。在反思行为主义和认知信息加工理论的前提下，建构主义提出了"学习环境的创设"和"学习是知识的建构"的教学观，并且基于情境认知和情境学习的深入，研究如何提供一种有意义的学习促进知识向真实生活情境转化，不仅使教育的关注从教师的教授转向学习和学生知识的形成，而且也使课程的组织和实施重点转向如何促进学生学习中的知识形成或建构。这样，课程与教学不再是一个线性的连续过程，而成为了一种互动相进的变化过程。这意味着，学习的过程不只是被动地接受信息，更是主动建构知识的过程。在这种建构过程中，适宜的情境可以帮助学生重温旧经验、获得新经验，并可以提供丰富的学习素材和信息，有利于学生体验知识的发生和发展过程，有利于学生主动地探究、深层次地思考，从而推动学生认知能力、应用能力的发展。

（三）提高综合素质

基于有效教学的基本理念，教学的有效性不仅表现为当下教学内容的掌握，而在于这种教学能够为学生提供长久的智力支持，即对学生的综合素质提高有较大的帮助，对学生深入持久的学习能力的形成有帮助。

通过合适的教学情境，一方面直接激发了学生的学习兴趣和情绪，促进了教学目标的直接实现，另一方面由于丰富的教学手段和合理的教学环境和情绪措施本身就提供了一种解决问题的方法，这种方法也成为学生学习的内容，不仅增长

---

[1]　D·H·乔纳森主编，郑太年等译.学习环境的理论基础[M].上海：华东师范大学出版社，2002：66.

了方法上的知识，也开阔了学生的精神文化视野，促进了研究性学习习惯的形成，提高了学生的整体素养。例如：有的教师在《树立正确的消费观》教学中，没有直接采取讲解法，而是采用分组整合的方式，先把学生分组，让各小组学生自己作为消费者去想、去"悟"，并分组调查"现代人消费观念"，再组织各个组的代表在全班"现身说法"，介绍学习活动的研究情况和结果。各个组的同学将调查情况制作成精美的课件，介绍自己组的调查过程、调查内容和调查结论。由于是同学们自己参与的调查，而且讲述的语言也较"学生化"，交流很有亲和力。在交流讨论的基础上，通过教师引导，同学们对"何种消费方式最合适"、"勤俭节约是否过时"、"学生应当如何消费"等问题，进行深层次的探讨，既"消化"了教材的教学内容，也"悟"出什么才是真正意义上的正确消费观。情境教学模式以学生在学习过程中所表现出来的活动及完成的成品来做评估，显然比传统教学评价更有效。这种评价是教学一体化的，评价本身也是学习过程的一部分。

（四）提高学习兴趣

注重情感培育。心理研究表明，成功与兴趣是相辅相成、互相促进的。在很大程度上，学生的学习积极性是顺利完成学习任务的心理前提，而学习的积极性又是伴随学习动机、学习兴趣形成的。精心设计教学情境，提供恰当的感知材料，设置合适的问题情境，可以引起学生的学习动机，激发学生的学习兴趣，调动学生的主动参与，挖掘学生的认知潜力，形成自觉学习、有效学习和乐于学习的学习风气。

强化学习体验。学习不是始于概念而是学习始于感知，外部事物进入大脑有五条感觉通道：视觉、听觉、触觉、味觉和嗅觉。有效教学就是在设计教学活动中，充分利用现代信息技术生动、形象地呈现教学情境和真实问题，变换教学传播的方式，由此激发和维护学生的认知动机和兴趣，开展交互活动和协作学习，发展学生的情感，从中感知学习、体验学习。这种感知和体验对促使学生主动地学习、更好地认知，起着重要的导引、定向、支持、调节和控制作用。

关注知识建构。知识总是在一定的情境中建构和发展的，适宜的教学情境不但可以提供生动、丰富的学习材料，还可以提供在实践中应用知识的机会，促进知识、技能与体验的连接，促进课内向课外的迁移，也有利于课外的背景知识对书本知识的完善。使学生在生动的应用活动中主动地理解所学的知识，了解问题的前因后果和来龙去脉，进一步认识知识的本质，主动、灵活地运用所学的知识去解决实际问题，发展应用能力，促进教学有效性的形成。

（五）促进合作学习

建构主义学习观认为，学习是知识的建构，是知识的生长，是新旧经验的相互作用，而不是简单知识的传递和接受。在建构性的学习和教学中引入社会情境，会使教师和学生之间的交互活动更为充分。这时，教师不是宣讲自己的认识，而是提出一些能激发学生兴趣的问题，引导学生形成自己的看法，而后教师耐心地聆听他们的发言，并分析他们的想法的由来、合理性和局限性，提供相应的启示，引导学生看到与其观点相矛盾的观点和事实，并进行讨论，从其他学习者的见解出发进一步进行提炼和概括。这种建构性的教学强调学习者的主动探索，但并不轻视教师的作用，教师的引导和帮助对于实现学生的"最近发展区"相关知识建构来说都是极为重要的。

建构主义还认为，每个学习者都有自己的经验世界，不同的学习者可以对某种问题形成不同的假设和推论，通过合作解决问题达成共识。小组讨论、意见交流、游戏、辩论等方式，都可以促进学习者之间的互动、协同。而且，面对各种不同的观点，学习者要学会理清、表达自己的见解，学会聆听、理解他人的想法，学会相互接纳、赞赏、争辩、互助，并不断对自己和别人的看法进行反思和评判。通过这种协同和互动，学习者可以看到问题的不同侧面和解决途径，从而对知识产生新的洞察和建构。

所以，好的教师，重视高水平的互动、协同的教学情景的创设。有以下三个特征：

一是有相当多的互动、协同是围绕学习者对某个问题的见解、想法而展开的。学习者就所探索的内容而展开交流，在对话中体现出他们头脑中的高级思维活动，如辨别、推论、概括、质疑等，而不只是表述各种事实、经验、定义、程序等；二是随着交流的进行能自然地达成共识，而不是靠教师事先的规划、控制、预设来形成"共识"。学习者要能自由地表达自己的见解，提出疑问，能自己对其他发言者进行评价，在交流中取长补短，形成统一认识。这种评价既是学习的成果，也是一种有效的学习方法；三是对话始终能以参与者的想法为基础，最终能促进学习者对某一主题的共同理解。

在相关教学中教师可以设计网络教学情境，学习者可以就遗传问题直接通过远程链接访问参观自然博物馆，与遗传学专家学者进行对话，也可以在国际互联网络上向相关学者求教，这一方法可以使教学目标得到实现，更重要的是开阔了学生的眼界，获取了更多的知识来源渠道。

## 第二节　教学情境设计的类型

教学情境是围绕教学目标的有效实现而设计的由外界、景物、事件、情绪和人物关系等因素构成的某种具体的境况，是一种特殊的环境。因此，根据情境创设的依托对象和内容的不同，可以把教学情境大致概括为以下六种。

### 一、实物与图像型教学情境

教学中的实物主要指实物、模型、标本、实验以及参观内容等。这种教学情境设计，源于学生对直观事物认识的特殊敏感。捷克教育家夸美纽斯曾说："一切知识都是从感官开始的"，"在可能的范围内，一切事物应尽量地放在感官的跟前，一切看得见的东西应尽量地放在视官的跟前，一切听得见的东西应尽量地放到听官的跟前。……假如有一个东西能够同时在几个感官上面留下印象，它便应当用几个感官去接触。"并认为这是教学中的"金科玉律"。虽然这种论述未免有绝对化之嫌，但的确也反映了教学过程中学生认识规律的一个重要方面：直观可以使抽象的知识具体化、形象化，有助于学生感性认识的形成，并促进理性认识的发展。特别是在小学阶段，学生形象思维占优势，教师更应该注重创设情境，创设实物与图像型教学情境会收到意想不到的效果。

如一教师在教《珊瑚》一课时，展示了"像鹿角"、"像菊花"、"像树枝"三种珊瑚，让学生对珊瑚有了真切的感知，这便是通过实物创设情境。有一次，我听小学语文课，年轻老师在讲"小鸭子呱呱叫"，因为许多城市里的孩子对鸭子根本没有感性认识，尽管老师教得很认真，但是效果仍然不好。如果能有机会让孩子到农村看一下小鸭子或放一段小鸭子的视频，效果肯定大不一样。前苏联著名教育家苏霍姆林斯基十分重视实地考察的教育作用，他经常带领孩子们到大自然中去，细心地观察、体验大自然的美，从而让学生在轻松愉快的气氛中学习知识，激发学生的学习兴趣，发展学生的想象力和审美能力。他说："我力求做到在学生的整个童年时期内，使周围世界和大自然始终都以鲜明的形象、画面、概念和印象来给学生的思想意识提供养料……"这是值得肯定的。

实验过程能够呈现出丰富生动的直观形象。以化学实验为例，从仪器装置到药品配制，从实验过程中复杂的化学变化到新物质生成，其中有形、色、态、味的变化，又有气体的生成和沉淀的析出，或有光、电、热现象。学生学习化学正是立足于对这些现象的感知和观察。

在教学中图像是一种直观的工具，它包括板书、画图、挂图、幻灯、录像、电影、电脑等电化教学手段。

图像可把课文中所描写的景色，具体直观地表现在儿童面前，使他们获得生动的形象。如教学《燕子》一文，为了使学生感知大自然的景色，有的教师一开讲就用放大的彩色挂图，让学生仔细观察图中有哪些景物，它们的色彩、动态又怎样。那起伏的山冈，如镜的湖水，翠绿的垂柳，轻飞的燕子，清澈的泉水，让学生在视觉上感知了美的画面，为学习课文奠定了基础。

图画在数学教学中也有其特殊的价值：当不能提供实物的时候，或不方便提供实物时可以用图像来代替实物，创设情境，这有助于学生学习。

如有的教师在教授面积单位时，为了让学生初步建立1平方米、1平方分米、1平方厘米的面积概念，就可以让学生说说生活中哪些物体表面的大小约为1平方米、1平方分米、1平方厘米。通过观察、比较、判断，学生基本上知道了一张饭桌面的大小约为1平方米，一个小学生的手掌面的大小约1平方分米，一个小学生大拇指的指甲面大约为1平方厘米。将面积单位与学生比较熟悉的物体进行比较，使学生对这三种面积单位有了深刻的认识。[1]对实物和图像的教学意义挖掘，只是情境的一个维度："境"，它是学生进行有意义学习的认知背景，情境的另一个维度是"情"。就是要求教师进一步挖掘教学内容和教具"情"的内涵，教师必须用情感激发学生的学习倾向，这是直观情景教学的深意所在。

一位小学语文教师在教"奶"字时，亲切地对学生说："看，左边是女字旁，右边像个驼背的人，这就是奶奶的'奶'字，奶奶年纪大了，走路时背弯弯的，还要拄个拐棍。"这种充满亲情之爱的教学，把本来死板板的、不会动弹的象形文字，变成了有生命的东西，钻进了孩子的脑海里。相反，"如果照着教学法的指示办事，做得冷冰冰的，干巴巴的，缺乏激昂的热情，那是未必会有什么效果的"（赞科夫语）。这是因为"未经人的积极情感强化和加温的知识，将使人变得冷漠"。

所以，在教学中选择实物与图像进行教学情境设计时，物是前提，情是根本。在教学中，如果教师上课冷漠，那么学生听课也必然冷漠；教师无激情讲课，学生必然无激情听课；教师无真情讲课，学生必然无真情听课。伴有激情的教学情景设计才会在师生间产生一种互相感染的效应，从而不断激发学生学习的热情，唤起学生的求知欲，诱发学生进入教材的欲望。情感激发的目的在于为课堂教学提供一个良好的情绪背景，学生兴致勃勃、兴趣浓厚，甚至兴高采烈，这是教学的最佳精神状态。英国教育家洛克说得好："儿童学习任何事情的最合适的时机是当他们兴致高、心里想做的时候。"

[1] 洪玲.数学教学生活化的思考[J].江西教育，2003（09）.

## 二、操作与活动型教学情境

操作活动教学符合学生的认识规律，美国著名心理学家布鲁纳认为："从形成知识的顺序和方式看，至少有三层阶梯：第一层是行为把握，这是依靠动手足去把握对象；第二层是图像把握，这是以印象的方式去把握对象；第三层是符号把握，这是以语言形式或数量形式把握对象的高级阶段。"很显然，儿童的认知发展必须要经过具体形象思维到抽象概括的过程。而通过强化操作学习，由于感知强烈，能使学生建立清晰深刻的表象，而表象是认知的思维象的分析和综合。因此，操作学习符合儿童认识思维的发展顺序。

教授长方体求成的长方体的体积。通过反复的行为把握，即通过学生直接操作测量算出长方体体积比用长方体公式更有效。教师在教学过程中以姿势辅助语言，打手势，也会增加学习的形象性。比如讲"这个孩子这么高"、"这根棍子这么长"，对人"高"和棍"长"，用手比画一下，这就是形象性。这里所强调的动作的形象性，从理科的角度来说，主要指操作，从文科的角度来说，主要指表演。

1. 操作与演示

通过让学生操作学具，可以使许多抽象的知识变得形象直观。如一位教师在教授"平均问题应用题"时，先让学生把 4 根、5 根、7 根、8 根四堆火柴棒分成每堆"同样多"，使学生通过直观操作领悟"移多补少"的"平均思想"，然后将四堆合在一起（总数量），要求很快地平均分成四堆（总份数），每堆多少根（每份数），得到求平均问题的方法。操作的特点是通过动作完成而且比较直观，从而把动作思维和形象思维有机结合起来。

皮亚杰曾经描述过这样一个"故事"：四五岁的孩子为了数清楚一些石头，把它们摆成一行，然后从1一直数到10。数完后，又从另一端开始数，发现也是10。他接着把石头摆成一个圆弧，依次数下去，发现了同样的结论。这些石子是没有顺序的，是他的动作使之成为直线顺序或圆形顺序或任何一种顺序。这就是逻辑数学经验的获得，一个依赖于外界事物而又超越其具体形态的抽象过程。了解这个过程，将有助于我们给纯粹的数学"穿"上合适的生活外衣，然后将它呈现给儿童，而不是将数学"外科式"地改造得适合生活。[1]

演示也能创设直观情境。一位数学教师在讲授"数学归纳法"时，便是通过模型演示，引入归纳法。一上课，教师从袋子里摸出来的第一个是红玻璃球，第二、三、四、五个均是红玻璃球，问："这个袋子里是否全是红玻璃球？"学生答："是。"继续摸，摸出一个白玻璃球，问："是否全是玻璃球？"学生相互争论，高度兴奋（少部分）："是。"再摸，摸出一个乒乓球（生大笑），教师问："是否全是球？"学生答："不一定。"教师小结："这个猜想对不对？若知道袋里的东西是有限的，则迟早可以摸完，当把袋里的东西全摸出来，当然可以得到一个肯定的结论。但当东西是无穷的时候，那又怎么办？"（静）教师又说："如果我约定，当你这一次摸出的是红玻璃球的时候，下一次摸出的也肯定是红玻璃球，那么袋子里是否全是红玻璃球？"学生答："是。"……这种直观有助于学生真正理解数学归纳法的实质。

传统演示实验基本上都属于验证性演示实验，有效教学的理念要求实验不仅要有验证性，还要有探究性。

例如，有教师在《金属与水的反应》的教学中设计了这样的过程，从学生熟悉的生活常识出发，引入探讨的情景→教师演示实验：金属钠与水的反应→学生观察并列出观察到的实验现象→学生分析实验现象推出结论→提出探讨的问题（铁与水蒸气的反应）→引导学生分析需要解决的问题，怎样解决？→设计实验方案并交流→改进方案→画出装置草图→进行实验，观察现象→推出结论。

在这个化学演示实验教学情景的设计中，学生在获得结论的同时，还体验科学探讨的过程，了解科学探讨的方法。学生学会通过实践来解决问题，又从实践中发现新的问题。

2. 表演与活动

表演是高一层次的形象性，因为它不仅是教学内容的外观形象，而且展现了

---

[1] 余慧娟.教育对于学科的改造[J].人民教育，2006：46.

人物的内心世界。一位教师教授《守株待兔》，很快就教完，可学生并不理解其寓意。这时教师灵机一动，扮成守株待兔者，倚在黑板下，闭目打坐，让学生来"劝"他。学生兴致倍增，纷纷劝起老师来："老师，你等不到兔子啦。""老师，再等下去你会饿死的！"老师还模仿守株待兔者的口气和学生争辩。学生越劝说，兴致越高，就越深刻地理解了这篇寓言的意思。教学中除教师表演外，还可让学生表演，学生表演有独特的教学意义。

在地理课堂教学中，教师可以选择那些地理性和思想性强的典型材料，选择主要的角色，指导学生排练，尽量使全部学生都参与活动，使学生在参与过程中增长知识，培养其创造力和交际能力。如讲到"北方地区与南方地区的差异"时，把"晏子使楚"的古代故事改编成小品；让学生分析"淮南的柑橘，又大又甜，可是，橘树一种到淮北，就只能结又小又苦的枳"的原因；让学生表演北方地区与南方地区的歌舞，喜欢武术的同学表演南拳北腿。通过这些表演，感受南北地区生活上的差异，进而引导学生理解形成这种差异与自然条件的关系，课堂气氛非常活跃，学生印象深刻。正如苏霍姆林斯基所说："从本质上，儿童个个都是天生的艺术家。"实际上，儿童不仅具有潜在的表演天赋，而且还有着爱表演的个性特征。表演能够有效地调动并发挥儿童的积极性和创造性。语文教材中有些篇目戏剧性因素浓厚，语言的动作性强，教师要善于把它们改编成小品或课本剧，让学生走进课文，扮演课文中的人物，在"动"与"乐"中把握课文内涵，理解人物的性格、语言、动作、神态及内心世界。

学生活动所产生的直观情境也有其教学意义。一位数学教师在教行程问题时，感到学生对"同时"、"不同地"、"相遇"、"相遇时间"等概念难以理解，于是他组织学生活动，通过活动帮助学生理解。他组织两队学生分别在操场两边竞走，老师哨子一吹，两队同时从两地对走。这时，老师让学生理解"同时"、"相向"的含义。要求两队碰上时停止，告诉学生这是"相遇"。然后让同学们看在相遇时谁走的路程多，让学生理解在同一时间内两队同学各走多少距离。活动后，老师在讲授这部分知识时，学生想起活动的情景，以活动中获得的感性材料为支柱，进一步分析思考，便掌握了"相遇"问题的知识。

## 三、语言型教学情境

语言是思想的载体，教学中无论怎样的知识，无论什么样的课程都要通过语言来表达，而语言的不同表达方式对学生的接受程度的影响是不同的，一般来说，学生特别是低年级的同学更习惯于形象化的语言表达。我们经常看到许多学生对一些教师的课不感兴趣，而对电视剧和电视故事记忆深刻，原因是教师的课堂语言不够形象。因为形象性的语言能够使听者的脑中呈现出一幅幅鲜明而简洁的画面，而抽象的语义代码难以形成形象的印象。如讲丰收，绝不仅仅是亩产多少、增产多少的数字，更应是高粱乐红了脸、麦穗笑弯了腰的描述。这种将抽象形象具体化的语言，学生听起来必定是兴致盎然。

### 1. 声情并茂的朗读

声情并茂的朗读能把学生带到作品的艺术境界之中，使学生如临其境、如闻其声、如见其人地在头脑中浮现出教师所描绘的情景。语文教材中许多课文描写的景物亲切宜人，表达的感情细腻温馨，可谓情文并茂、文质兼美。这些课文光凭教师讲解，是不足以让儿童领略文章的奇妙之处的。只有通过声情并茂的朗读，才能使学生感受到课文中美的形象，从而撩拨学生心灵的琴弦，让他们在思想深处产生共鸣。除有表情的朗读外，声音的模拟也具有形象性，而且是层次更高的形象性。比如朗读《东郭先生和狼》、《一头知识渊博的猪》、《渔夫和金鱼的故事》等寓言和童话故事，朗读的表情与声音的模拟就是一种艺术。

### 2. 绘声绘色的描述

教师绘声绘色的描述，也能够把抽象概念变得生动形象。例如，有一位数学教师讲"点的轨迹"时，高高举起手中的一块蓝色粉笔头，别开生面地对学生说："我这里有一个刚从墨水瓶中爬出来的'小虫子'，在保持不定点A距离30厘米处不断爬行，爬呀爬，身后留下点点墨迹。你们看，这就是'小虫子'运动的轨迹。"学生听着教师绘声绘色的描述，露出会心的微笑，抽象的"轨迹"也在形象的描述中得到了理解。

3. 贴切精彩的比喻

比喻就是用某些有类似的事物来比拟想要说的某一事物。善用比喻，不仅使抽象的东西变得具体，化平淡为生动，而且能把难以理解的内容变得浅显易懂。

初二课本有一段关于血压的知识："正常成年人的收缩压为12—18.7千帕，舒张压为8—12千帕。如果一个人的舒张压时常超过12千帕，则被认为是高血压。如果一个人的收缩压时常低于12千帕，则被认为是低血压。"这段课文，即使让学生读上五遍，学生也未必能掌握。教学中就可以用拳头（情景）来比喻：拳头像心脏，收缩时有劲，产生的压力大。舒张（拳头松开）产生的压力就小。分界线在12。收缩压应当高，该高不高谓低，如果低于12则是低血压。舒张压该低，而该低不低谓高，如果大于12则是高血压。怎么记这个12呢？我们平时说，十分高兴，就有人说十二分的高兴。所以，这是个最佳数字。这样描述情景，学生容易掌握血压的知识。[1]

有位化学教师特别善于运用比喻，从而在教学中收到了奇特的效果。例如，催化剂对于初中学生来说，是个难懂的概念，在教学中他使用以下比喻：一个人要隔着一条河从甲地到乙地，共有两种走法。一种是先沿着河岸到很远处过桥，路远费时；另一种走法是在甲地坐船到乙地，路近速度快，而化学反应使用催化剂就像人坐船从甲地到乙地，路近速度快。这里的船相当于反应的催化剂，它加快了从甲地到乙地的速度，参与了这一过程（比喻催化剂本身参与了反应），但船本身在人上船与下船后，质量和性质不变。对于负催化剂则可以反其意而用之。通过运用大家所熟知的具体形象的比喻，使原来抽象的难以理解的知识变得通俗易懂，而且把机械记忆转化为理解记忆，让学生容易理解接受，不易遗忘。

4. 简洁生动的对话

对话是课堂教学中最普通的教学形式，也是最重要的教学形式，简洁生动的

[1] 王尔. 课堂教学的情景设计 [J]. 中小学教师培训，2006（02）.

对话表现着教师对教材和学生的深刻理解，它以轻松的气氛给学生留下深刻的印象。下面是全国特级教师孙剑锋在《最大的麦穗》中的课堂实录的一部分。

师：读了几遍书后，你们基本上明白了文章所讲的道理。有时，读文如看山，"横看成岭侧成峰，远近高低各不同"。如果让我们从不同的角度欣赏《最大的麦穗》一文，譬如"大学者苏格拉底教育学生有什么独到之处？他的弟子如此学习对你有什么启发？"带着这样的问题再次与课文对话，你们肯定会有许多"美丽"的收获。（学生一听，兴趣盎然，再次潜心读书……五分钟后，师生对话。）

师：大学者苏格拉底教育学生有哪些独到之处呢？他的弟子如此学习对我们有什么启发呢？孙老师愿意分享你们"发现"的喜悦！

生：一般上课是在教室里，而苏格拉底上课是在麦地里；一般上课用课本，而苏格拉底却是用麦穗。

师：你善于比较，很快找到了"苏老师"教学的独到之处，不简单！

生：他的"发现"对我启发很大——不仅麦地可以当教室，社会也可以当教室；不仅麦穗可以当课本，整个大自然都可以当课本。

师：说得好！思路开阔！其实，宇宙就是一个神秘大课堂，生活就是一部无字大书。哪里有广阔的天地，哪里就有丰富的知识。

生：苏格拉底教育弟子们不是直接告诉他们一个道理，而是让他们亲自实践、体会，最后悟出人生大道理。

师：直接告诉学生一个道理不是很省事吗？何必兜圈子，绕弯子？

生：直接告诉我们一个道理，有时会记不住，如果是自己体验、悟出的道理，往往是刻骨铭心的。

师：你的回答很精彩！我赞同你的看法。有时靠着别人告诉的道理，就好像戴在自身的假发、假牙一样，看上去也很逼真，但却没有生命力；而靠自己体验悟出的道理就像扎根沃土的大树一样，生机勃勃。

生：我认为，苏格拉底老师讲得很少，仅仅讲了三次话。第一次，"你们去麦地里摘一个最大的麦穗，只许进，不许退，我在麦地的尽头等你们。"这是提出一个要求。第二次，"你们已经到头了。"这是进行一次提醒。第三次，"这块麦地里肯定有一穗是最大的，但你们未必能碰见它；即使碰见了，也未必能做出准确的判断。因此最大的一穗就是你们刚刚摘下的。"这是进行一次启发。

师：是的，你很会概括！"苏老师"虽然只讲了三次话，说得少，引得巧，点得妙，效果好。他不愧为一位大学者！

生：苏格拉底的弟子们很认真地实践，这从课文的第三节可以看出，他们一边思考，一边行动。

生：他们虽然很认真，辛辛苦苦、挑挑拣拣，结果却两手空空。这样的结局太令人失望。

生：我不这么看，表面上他的弟子们是两手空空，实际上却收获多多。

师："有失必有得"，表面上他们是没有得到麦穗，却收获了深刻的人生道理。

生：孙老师，我认为苏格拉底的教学并不是完美无缺的。课文中他的弟子们"也试着摘了几穗，但并不满意，便随手扔掉了。"从"随手扔掉"可见他的弟子不够爱惜粮食，从而也可以说明苏格拉底的教育有疏漏之处。

师：你敢于向权威挑战，精神可嘉！掌声鼓励。

生：我认为文中苏格拉底的第一句话是自相矛盾的。"你们去麦地里摘一个最大的麦穗，只许进不许退……"所谓"最大的麦穗"，一定是有比较而产生的，"只许进，不许退"就导致弟子们没有办法进行全方位的比较，那么，这个"最大的麦穗"是没有办法找到的。所以，这种提法本身就是自相矛盾的。

生：从中也能看出苏格拉底的弟子们有些太听话了，不敢怀疑老师，盲目行动，最后落得两手空空。

师：这些问题，我课前也没有想到。你们不迷信书本、权威，有自己的见解，的确了不起！

师：同学们，这节课，咱们一同走进了《最大的麦穗》的神圣殿堂。人人都收获了一株"最大的麦穗"，咱们不虚此行。[1]

《最大的麦穗》是一篇经典的课文，孙老师以简洁生动的对话展示了这堂课的深刻与完美。

### 四、联系型的教学情境

学生在学校里所学的不是零散、片面的知识，而是系统的、整体的知识。任何知识都是整体网络上的一个点或一个结。知识只有在整体联系当中才能真正被理解、被掌握，从而体现其价值和意义。这也就是说，学生对新知识的学习是以旧知识为基础的，新知要么是在旧知的基础上引申和发展起来的，要么是在旧知的基础上增加新的内容，或由旧知重新组织或转化而成的，所以旧知是学习新知最直接最常用的认知停靠点。因此，掌握新旧知识之间的联系，是教学情境设计的基本形式。

在历史教学中，可以引导学生回顾已经学习过的历史知识，然后提出新的历史现象，也可以先提出新的历史现象，引导学生回顾已经学习过的历史知识，然后，组织学生针对新旧知识进行探讨、交流，用旧知识（包括观点、方法）解释新的历史现象，或对新旧历史知识进行比较，得出新的认识。有位老师在八年级历史上册第二单元《近代化的探索》教学中，介绍近代中国人向西方学习的过程，由学习西方的军事器物到学习西方的政治制度，再到学习西方的思想文化，层层递进，四课间有着紧密的联系，让学生弄清事件间的联系是很必要的，把问题引向深入。"同学们，在上节课我们讲到了近代中国人（洋务派）向西方学习，发起了'师夷长技'的洋务运动，结果怎样？你如何评价洋务运动？地主阶级没有使中国富强起来，那么资产阶级的救亡运动有没有救中国呢？今天我们来一起探究资产阶级各派的救国活动，通过我们的学习，我们一定会找到答案……"

学生通过此环节对旧知识进行了简单的温习，而且顺理成章地跟着教师走进了戊戌变法，符合学生的认知规律，一定会收到良好的效果。

---

[1] 李岩松.怎样上好课[M].呼和浩特：内蒙古大学出版社，2009：140.

## 五、背景型的教学情境

所谓背景知识是与教学内容相关联的知识的总称。背景知识与新知的关系不如旧知与新知的关系那么密切、直接，它们之间没有必然的逻辑联系，但背景知识同样是学生学习和理解文本的一个重要的认知停靠点。没有必要的背景知识，阅读思考往往是无法进行的。背景知识越丰富，阅读理解水平就越高。背景知识可能很多，但基本的背景有作者、时代和内容中相关的典故，这些内容会成为教学的丰厚土壤，也是有效教学设计中非常重要的情景形式。

### 1. 作者介绍

俗语说得好，文如其人，对人也就是作者的介绍必定有助于促进对作品的理解。因为作者要"想写出雄伟的风格，他也就要有雄伟的人格"（歌德语）。所以"作者介绍"最重要的一点，便是让学生了解作者的人格，从而更好地观照、鉴赏作品的风格。这样不仅有助于促进学生的有意义学习，而且有助于对学生进行品德教育。有位教师在教授《竞选州长》一课时，为了让学生了解马克·吐温幽默、讽刺的语言艺术，便讲了这样一个故事：1873年，美国的一篇小说《镀金时代》在全国引起了轰动。记者纷纷采访询问作家创作的背景，正直的作家借机痛骂愚弄百姓、搞虚假民主的政客们，说："有些国会议员是狗娘养的。"这一"放肆"行为引起议员们的极大不满，严正要求作家公开道歉，作家竟出人意料地答应了。他在报纸上更正道："上次本人说有些国会议员是狗娘养的，是不对的，我向他们道歉，现在我声明，有些国会议员不是狗娘养的。"同学们愣了一下，全笑了。停了一下我接着说，这个作家就是我们今天学习的小说《竞选州长》的作者——19世纪后期美国最著名的幽默讽刺作家马克·吐温。

### 2. 时代背景介绍

利用时代背景介绍，能升华学生情感。有位教师在上《陋室铭》时，讲到"斯是陋室，惟吾德馨"的含义时，有几个学生轻声说"刘禹锡这么骄傲，也太自傲了"。听到学生这番议论，教师意识到学生是由于不了解本诗的写作背景而造成对诗人人格的误解。于是顺势讲道：大家可能不太理解刘禹锡为什么会这样，下面我们讲一下写这首诗的时代背景。

　　刘禹锡因参加过当时政治革新运动而得罪了当朝权贵，被贬至安徽和州县当一名小小的通判。按规定，通判应在县衙里住三间三厢的房子。可和州知县看人下菜碟，见刘禹锡是从上面贬下来的软柿子，就故意刁难。先安排他在城南面江而居，刘禹锡不但无怨言，反而很高兴，还随意写下两句话，贴在门上："面对大江观白帆，身在和州思争辩。"和州知县知道后很生气，吩咐衙里差役把刘禹锡的住处从县城南门迁到县城北门，面积由原来的三间减少到一间半。新居位于德胜河边，附近垂柳依依，环境也还可心，刘禹锡仍不计较，并见景生情，又在门上写了两句话："垂柳青青江水边，人在历阳心在京。"那位知县见其仍然悠闲自乐，满不在乎，又再次派人把他调到县城中部，而且只给一间只能容下一床、一桌、一椅的小屋。半年时间，知县强迫刘禹锡搬了三次家，面积一次比一次小，最后仅是斗室。想想这位势利眼的狗官，实在欺人太甚，遂愤然提笔写下这篇超凡脱俗、情趣高雅的《陋室铭》，并请人刻上石碑，立在门前。

　　学生听了之后似有恍然大悟之状，并流露出敬佩的眼神，当然对诗人在本诗中表达的高洁傲岸的节操和安贫乐道的情趣的接受，也就水到渠成了。

　　3. 典故介绍

　　典故的解读，可以深化主题，特别是在诗词赋教学里表现得十分突出。如辛弃疾的词《永遇乐·京口北固亭怀古》中用三国孙权和南朝刘裕的典故来表达自己希望带兵恢复中原、渴望建功立业的愿望。鲁迅先生在《为了忘却的记念》中运用了明方孝孺的"迂气"，《说岳全传》的高僧的"坐化"以及向子期写《思旧赋》"只寥寥几笔就结束了"等典故，间接地表达了对国民党反动派强烈愤怒之情，比起直接表白来得隐蔽而有意味。

　　课堂教学中恰当地引入那些趣味横生的文学掌故、数学史趣闻、科学家轶事等，对促进学生的有意义学习是很有益处的。一位小学语文教师在教授古诗《草》

时，便是通过一则文学故事导入新课的。一上课，教师对学生说："今天我们要学习一首古诗，老师先给同学们讲讲这首诗的作者白居易的故事。"教师边板书边把诗作者"白居易"娓娓道来。白居易是我国唐朝人，他出身贫寒，但从小热爱学习，特别喜欢写诗。16岁那年，白居易离开家乡到京都长安后，仍不断写诗。为提高写诗的水平，他到处求名师指点。有一次，他去拜访当时的老诗人顾况。顾况是个爱开玩笑的人，当他得知眼前这个年轻人叫白居易时，又想开玩笑了。他说："唉呀！你这个名字可起得不妙啊。"顾况摸着胡须道："你的名字叫居易。现在长安城里米价昂贵，租屋困难，要想在这里住下来，可不太容易啊。"白居易听了这句话，想起自己到长安后经常缺衣少食，四处借债的情景，不禁深有感触地说："您说得好，在京都居住可真不容易啊！"顾况见眼前的年轻人谦虚好学，就说："好吧，把你写的诗念给我听听。"白居易开始读诗了。（放录音《草》朗诵）白居易刚读完，顾况便连声赞道："好诗好诗，你能写出这样的好诗，前程无量。居易这名字取得真好哇！"白居易不解地问："老先生，刚才您还说我的名字取得不妙，现在又说我的名字取得好，这不是自相矛盾了吗？"顾况笑着说："刚才不知道你会写诗，所以才说你居住长安不容易，名字取得不妙。现在看你能写出这么好的诗，所以说你居住长安很容易，名字起得真好。"说完就热情地指点起来。从那以后，白居易更加勤奋起来，终于成为我国唐朝三大诗人之一。[1]

故事讲完后，教师接着说："下面我们就来学这首诗，看看白居易写的诗到底好在哪里。"教师开始讲解新课，自然引起下文。

## 六、问题型的教学情境

问题是科学研究的出发点，是开启任何一门科学的钥匙。没有问题就不会有解释问题和解决问题的思想、方法和知识，所以说，问题是思想方法、知识积累和发展的逻辑力量，是生长新思想、新方法、新知识的种子。现代教学论研究指出，从本质上讲，感知不是学习产生的根本原因，尽管学生学习是需要感知的，

---

[1]  余文森.有效教学十讲[M].上海：华东师范大学出版社，2009：99.

产生学习的根本原因是问题。没有问题也就难以诱发和激起求知欲，没有问题、感觉不到问题的存在，学生也就不会去深入思考，那么学习也就只能是表层和形式的。所以，新课程学习方式特别强调问题在学习活动中的重要性。一方面强调通过问题来进行学习，把问题看作是学习的动力、起点和贯穿学习过程的主线；另一方面通过学习来生成问题，把学习过程看成是发现问题、提出问题、分析问题和解决问题的过程。

苏霍姆林斯基认为："人的心灵深处，都有一种根深蒂固的需要，就是希望自己是一个开发者、研究者、探索者。"由学生自己去发现、去创造，学习者的理解才是最深刻、也最容易掌握其中的规律、性质和联系。如在《小数减法》中，有的教师根据商店里商品的标价创设了这样的购物问题情境：一只圆珠笔2.4元，一只钢笔12.4元，一把小刀0.6元，文具盒8.9元。小红带了12.5元，小刚带了4.7元，小明带了0.9元，如果每人只能买一件商品，他们能买什么？还剩多少钱？这样，学生在参与购物问题解决的过程中，通过互相交流不仅解决了问题，也很快就能学会了这部分知识。

问题意识还可以激发学生勇于探索、创造和追求真理的科学精神。没有强烈的问题意识，就不可能激发学生认识的冲动性和思维的活跃性，更不可能激发学生的求异思维和创新思维。

### 案例3-1 围绕问题展开教学："嗟来之食"[1]

在课堂上，全班学生几乎每个人都提出了一个自己的问题，如有的学生提出："为什么会发生饥荒？""为什么饿汉那么穷，财主却那么有钱有物？""饿汉为什么说他情愿饿死，也不吃财主给他的食物？"，等等。在这些问题中，大部分同学都选择了第三题进行讨论。

在讨论中，学生探讨了多种可能性。有一个学生回答："因为他很有骨气，很有尊严。"教师非常敏锐地抓住这个机会，利用学生的话进行引导："对！他

---

[1] 引自《中小学管理》，2002年第5期，第10页.

很有骨气，很有尊严。可是他已经快要饿死了，你赞成他这样做吗？"新的问题立即又使学生的认识产生了分化。有的学生明确赞成，有的学生强烈反对。在他们分别阐述了自己的理由之后，教师又引导学生提出了一个与此关联、又蕴含哲学意味的问题，即"生命和尊严到底哪一个更重要？"

在激烈的辩论中，有的学生认为生命比尊严更重要，"因为没有生命就什么也没有了"；有的学生觉得，尊严比生命更重要，"因为没有尊严会被人看不起"，还有的学生语出惊人，说生命和尊严同样重要，"因为没有生命就没有尊严，而没有尊严生命就没有意义。生命和尊严的关系就像一个人的手心和手背一样"……

这样，学生思维的闸门在问题的牵引下迅速打开。

## 第三节　有效教学情境的创设

教学情境是为教学的有效性服务的，树立这种观念就可以在实践中减少形式化、低效化的教学情境设计。那么，怎样设计有效的教学情境？怎样才能有效地改进和发展情境教学？在认识和实践中应该注意哪些问题？这些日益成为人们关心的问题。

### 一、有效教学情境的设计

（一）形象性教学情境设计

强调情境创设的形象性，实质是要解决形象思维与抽象思维、感性认识与理性认识的关系。首先，应该是感性的、可见的、摸得着的，它能有效地丰富学生的感性认识，并促进感性认识向理性认识的转化。其次，应该是形象的、具体的，它能有效地刺激和激发学生的想象和联想，使学生能够超越个人狭隘的经验范围和时间、空间的限制，既能使学生获得更多的知识，又能促进学生形象思维与抽象思维的互动发展。

1. 故事化情境

应针对不同年龄的学生以及不同的教学内容，设计生活化的故事情景，会使学生感到学习的"有趣、好玩、新奇",从而激发学生的学习积极性。因此,学习素材的选取与呈现以及学习活动的安排都应当充分考虑到学生的实际生活背景和趣味性,使他们感觉到学习是一件有意思的事情,从而愿意主动学习。在设置故事化情境时,教师绘声绘色、富有感情的描述十分重要。把教材中的一幅幅画面所反映的问题情境编成简短的小故事,使学生产生身临其境的感觉,增加课堂教学的趣味性,能够有效地调动学生的学习积极性,使学生全身心地投入到学习活动中去。

例如,有的老师在小学英语教学中,在学习"doll,train,car,ball,teddy bear"以及数字"one,two,three"等时,可以设计这样一个小故事教授单词,教师一边在黑板上画简笔画,一边说:"呜呜呜,小猴 monkey 开来了小火车 train,train 里装了许多玩具 dolls,有 car,car 小汽车,teddy bear,teddy bear. It's teddy bear. 快来数一数火车 train 有几节? One,two,three,four,five."生动有趣的故事情节和 jazzchants 形式的语言操练激发了学生强烈的学习兴趣,他们学得特别认真,记得也相当快,真正做到了寓教于乐。

例如,有教师在讲"海水运动的形式"时,先讲了"10岁小孩救了100多名旅游者"的真实故事:"据报道,2004年12月26日印度洋海啸袭击泰国普吉岛海岸当天,来自英国的10岁小女孩蒂莉·史密斯也正和自己的母亲潘妮在泰国海滩上游玩。此前不久,蒂莉在学校上过一堂地理课,老师讲的正好是有关海啸的知识,因此,当第一波很小的海啸波浪抵达海岸的时候,蒂莉立即意识到更大的海啸波浪将在后面,会将海滩和低地上的建筑物彻底淹没。于是,她立即跑到母亲潘妮跟前,告诉母亲她们即将面临的危险。母亲潘妮听后,立即向海滩上的100多名游客发出了警告,游客们纷纷离开海滩,撤退到了高地上。当他们刚刚抵达高地时,只见惊天海啸奔涌而来,一瞬间,眼前海滩就是一片汪洋,将那些已逃生的游客惊得目瞪口呆……因为小蒂莉的地理知识,那100多名游客幸运地逃过一劫。"然后提问:(1)你了解"海啸"吗?(2)对"英国10岁小女孩救了100多名旅游者"这一事件你能感悟些什么?通过这些启发性问题的设置,使学生迫切地想知道问题的答案，从而激发学生强烈的探究欲望。

## 2. 活动化情境

适宜的情境常常是跟实际活动联系在一起的。设置开展活动化的教学情境，便于展开探究、协作和问题解决等研究性学习，语文、自然、音乐等课程适用这种活动化情境的设置。数学的知识、思想和方法，必须由学生在现实的数学实践活动中理解和掌握，而不是单纯地依赖教师的讲解去获得。不过，传统的实验只重视学科的认知内容，常常舍弃了原始真实中的人文蕴含。精心设计的教学实验不但应该包含丰富的认知素材，还应该注意保留其蕴含的人文教育素材，以构建富有真实性、情感性和实践性的教学情境。

例如，一年级的《找位置》一课是让学生辨认方位，学习前后左右、行和列的概念。教师的设计是让小朋友们去看电影。每个学生手里都拿着教师预先制作的有座号的电影票，自己去寻找事先设计好的座位号，在不长的时间内，一些学生直接找到了自己的座位，一些学生与同伴进行短暂交谈后也都找到了自己的座位。老师则为学生放映了动画片《猫和老鼠》的片段，并随后提问了辨认方位的相关问题。

## （二）生活化情境教学设计

生活化情境的创设，其核心是基于生活。强调情境创设的生活性，其实质是要解决生活世界与科学世界的关系，适应新课程呼唤科学世界向生活世界的回归。为此，创设教学情境，要注重联系学生的现实生活，在学生鲜活的日常生活环境中发现、挖掘学习的情境资源。

实践证明，只有当学习内容与学生经验接触的社会和自然情境结合时，有意义的学习才可能发生，所学的知识才容易迁移到其他情境中再应用。只有在真实情境中获得的知识和技能，学生才能真正理解和掌握，才可能到真实生活或其他学习环境中解决实际问题。现代课程改革与现代社会发展紧密相关，教学内容和社会生活以及生命、信息、环境等现代科学前沿内容有着广泛而深刻的联系。

例如，在讲《气象灾害》一节前，有教师直接播放"2006年8月，卡特里娜飓风给美国南部以重创的真实生活情景，视频中新奥尔良市由一个美丽的城市到在飓风中变成了'水乡泽国'，遍地废墟，满目苍凉"，在这种情景下，同学们的问题便油然而生：什么是飓风？为什么会形成飓风？飓风与台风有什么异同？出现飓风前和出现飓风时该怎么办？对于飓风的防御还有哪些不同意见？使各层次学生都能积极思考，从而调动了各个层次学生的学习积极性和主动性，形成了有效教学的良好情景。

(三) 问题化教学情境设计

适宜的情境一般与实际问题联系在一起，利用问题探究方式来设置教学情境，便于学科教学的展开。问题化教学情景中的问题可以来自学科发展历史中的经典问题，也可以是学生学习中的实际问题，还可以来自生活中的问题和科学设想中的问题。模拟科学家进行科学发现的探索过程，可以为学生提供一个真实而有效的问题情境，有着巨大的智力价值和非智力价值。利用认知的矛盾问题创设情境，新知识、旧知识的矛盾问题，日常概念与科学概念的矛盾问题，直觉、常识与客观事实的矛盾问题等，可以引起学生的探究兴趣和学习愿望，形成积极的认知氛围和情感氛围。通过引导学生分析问题的原因，积极地进行思维、探究、讨论，不但可以使他们达到新的认知水平，而且可以促进他们情感、行为等方面的发展。

例如，有的老师在《自由落体运动》的教学中，根据伽利略反驳亚里士多德的观点，设计成这样的问题：假如越重的物体下落得越快，越轻的物体下落得越慢，那么将这个重物和这个轻物拴在一起，快慢情况又如何呢？有的同学说，两物相加更重了，应该下落得更快；有的同学说，重物的下落由于受到轻物的牵制，下落肯定要比原来慢。学生经过充分的思考和讨论，寻找正确的答案。这样通过挖掘教材，设置问题，让问题在学生新的需要与原有水平之间产生冲突，激发了学生的学习动机，不断切入学生思维的最近发展区，不断地缩短学生原有水平与学习目标之间的距离，从而拓展学生的心智品质。

（四）体现学科特点教学情境设计

情境创设要体现学科特色，紧扣教学内容，凸现学习重点，当然，教学情境应是能够体现学科知识发现的过程、应用的条件以及学科知识在生活中的意义与价值的一个事物或场景。只有这样的情境，才能有效地阐明学科知识在实际生活中的价值，帮助学生准确理解学科知识的内涵，激发他们学习的动力和热情。学科性是教学情境的本质属性。例如，在教授"平均分"时，我们可以创设一个"春游"的现实情境。让学生准备及分发各种食品和水果，但教学重点应该尽快落到"总数是多少"、"怎么分的"、"分成几份，每份是多少"、"还有没有多余的"、"不同食物的分法有什么共同的特点"等数学问题上来，而不是把大量时间花在讨论"春游应该准备什么食物和水果"、"春游应该注意什么"等与教学内容无关的生活问题上。再如一位教师教《雷雨》时先播放电影中的精彩片段，把学生兴趣吸引到对人物对白的潜台词的辨析上，并把需要评析的人物对白通过幻灯片的方式展示在屏幕上，重点词句还用不同颜色凸现在学生眼前，以引起学生注意。课件注重基础和关键，制作实在，课堂效果自然很好。但是我们现在见到的一些语文课件往往只注意了趣味性和直观性，在制作上常常以图像、视频、音频代替学生对课文的阅读和感知，忽视了语文课的学科特点。这是要注意的。

强调学科性，还意味着要挖掘学科自身的魅力，利用学科自身的内容和特征来生发情境，如利用数学的严密性、抽象性来创设数学教学情境，利用语文的人文性、言语性创设语文教学情境。

（五）融入情感的教学情境设计

情感性指教学情境具有激发学生学习动力的功效。第斯多惠说得好："我们认为，教学的艺术不在于传授的本领，而在于激励、唤醒、鼓舞。"而没有兴奋的情绪怎么能激励人，没有主动性怎么能唤醒沉睡的人，没有生气勃勃的精神怎么能鼓舞人呢？赞科夫也强调指出："教学法一旦能触及学生的情绪和意志领域，触及学生的精神需要，这种教学法就能发挥高度有效的作用。"一位教师在讲《在工农武装割据的形成》一课时，有些学生并不满足于课本上的"毛泽东根据敌强我弱的情况，采取避敌主力，诱敌深入，集中优势兵力，各个歼灭敌人的方针，干净、利落地粉碎了敌人的三次反革命围剿"的结论。有一位学生问："国民党为什么三次围剿红军都会失败，难道他们不会吸取上一次失败的教训吗？况且红军的武器装备、人力、财力都不如国民党。"对此教师讲道："这些因素固然重要，但是我们还要看到红军在根据地打土豪分田地赢得了广大农民的支持，红军官兵平等，纪律严明，人心所向，士气高涨，战略战术得当。红军指挥员冲锋陷阵，身先士卒，与战士同甘共苦，团结合作。这些是国民党没法比的。由此学生们认识到：人心向背和团队的合作精神是做好任何事情的基础。

一位语文教师教《凡卡》一文时，这样讲道："凡卡给爷爷投出求助信后，满怀希望地进入了幸福的美梦之中，然而这位天真的孩子却不知爷爷是收不到这封信的，因为他连地址也没写上。即使收到了，这位穷苦的守夜人也不可能让凡卡跳出火坑。对于这位九岁的孩子来说，属于他的幸福只有在梦中！"讲到这儿，这位教师也控制不了自己的感情，眼泪涌了出来，全班学生竟然在寂静中坐了很久，连平时管不住自己的学生，也在这无意创设的情境中被无声的语言"管住了"。教师入境入情，打动了学生，收到了极佳的教学效果。

（六）多媒体教学情境设计

以计算机为中心的现代化教学媒体，能把生动的图像、清晰的文字和优美的声音有机地集成并显示在屏幕上；可以抛开某些表面的、次要的、非本质的因素，将内在的、重要的、本质的东西更显著地表现出来；在屏幕上实现微观放大、宏观缩小、动静结合、跨越时空限制，从而高效率地激发学习的兴趣，调动学生的积极性，优化教学情境，增强其效果。在可以使用网络教学的地方，现代信息技术可以给教学情境设置提供更为广泛和新型的表现手段。因此，在设置教学情境时，也应该注意发挥多媒体技术的特殊功能。[1]

---

[1] 谢利民.教学设计[M].北京：中央电大出版社，2005.

## 二、教学情境设计应注意的问题

### 1. 情境作用的全面性

一个良好的教学情境，不仅应该包含着促进学生智力发展的知识内容，帮助学生建构起良好的认知结构，而且应该蕴含着促进学生非智力品质发展的情感内容和实践内容，能营造促进学生全面发展的心理环境、群体环境和实践环境。教学情境的设计不应该仅仅满足某一个方面的需要，要同时为情感教学、认知教学和行为教学服务。另一方面，局部的情境设计可以有所侧重，偏重于某些方面的内容，要根据具体情况灵活地变通处理。

### 2. 情境作用的全程性

情境设计往往是在教学活动展开之前进行的预设，因而有人误以为，设计情境就是在新课教学之前利用有关的实验、故事、问题等来激起学生的学习兴趣，调动学生的学习积极性，引出新课。实际上，教学情境设计的功能不是传统意义上的导入新课，情境不应该只在讲解新课时发生作用，它应该在整个学习过程中都能激发、推动、维持、强化和调整学生的认知活动、情感活动和实践活动等，在教学的全程发挥作用。为此，教学情境也可以分阶段设计，逐步地扩展、深入、充实、明晰和完备。

### 3. 情境作用的发展性

情境作用的发展性是指教学情境应该具有促进学生产生继续学习的愿望，有利于激发和增加学生潜能的功能。教学情境的设计不仅要针对学生发展的现有水平，更重要的是还要针对学生的"最近发展区"，既便于提出当前教学要解决的问题，又蕴含着与当前问题有关、能引发进一步学习的问题，形成新的情境，并且有利于学生自己去回味、思考和积极主动地继续学习，达到新的水平。设计得当的教学情境应该不但有利于知识的综合运用，有利于学习成果的巩固和发展，还应有利于学生发展个性和特长，有利于学生相互间的合作。

### 4. 情境的真实性

教学情境具有发展认知、形成情感和进行实践的特征，其真实性乃是认知、情感和实践的基础和保证。学习情境越趋于真实，学习主体建构的知识就越可靠，越容易在真实的情境中运用，从而达到预期的教学效果。对于脱离真实情境并简化了的知识，学生往往只能达到刻板的、不完整的、肤浅的理解。许多学生在应用所学的知识技能时感到困难，其根源常常就在于他们的学习经验脱离了学习内容赖以从中获得意义的真实情境。因而，教学情境的真实性决定了学习方式的有效性，决定了所学知识在其他情境中再应用的可能性。

真实的情境有利于培养学生的观察、思维和应用能力，有利于培养学生的真实本领，有利于培养学生的真实情感和态度，有利于学生形成良好的习惯、正确的价值观和世界观。建构主义十分注重情境的真实性，极力主张如果要求学生能应用所学知识去解决真实世界中的问题，学习相应用的情境就必须具有真实性。

实际上，所谓"真实"有实际真实和人工真实之分。实际真实的时间和空间常常是课堂无法容纳的，把实际真实简单地搬到课堂中，这种做法的可行性很差，在许多情况下是行不通的。为了解决这个困难，需要对实际真实进行分析、提取、凝聚、重组，综合有关的因素，舍弃无关的甚至是有害的因素，来构造人工真实。人工真实在本质上是真实的，它源于原始真实，又高于原始真实。根据原始真实来构建人工真实，设计良好的教学情境，这是教学设计的重要内容之一，是教师的一种具有职业特点的创造性劳动。此时，设计者需要综合、优化社会因素和教学因素，才能形成良好的教学情境。

如案例《梯形面积的计算》一课中"推导公式"的教学片段：

教师：我们可以把梯形转化成什么图形来探索它的面积计算？

生：已学的图形。

师：请拿出两个完全一样的梯形拼一拼，你发现了什么？

学生操作发现可以拼成平行四边形，合作讨论梯形与拼成的平行四边形之间的联系。

教学中，教师示意让学生拿出"两个完全一样的梯形来拼"，学生也就顺利地探索出了结果，整个教学过程比较顺利。但这是真的探索吗？"用两个完全一样的梯形来拼"好像是理所当然的，因为教材就是这样安排的。但怎么一开始就知道要"用两个完全一样的梯形来拼成一个平行四边形"呢？这是怎么想到的？学生不知。这也就在他们的认知上存在了一片空白，我们的探究也就成了一个空壳，有形而无实。看起来是问题，却没有激发学生思维的功能。这种教学情境的设计是值得商榷的。

5. 情境的可接受性

情境的设计要考虑学生能不能接受，要设计好合适的"路径"和"台阶"，便于学生将学过的知识和技能迁移到情境中来解决问题。由于知识和技能的迁移总是受到个人能力以及情境因素的影响，所以，教师提供的情境，一定要符合学生的生理和心理发展特点，同时经过精心选择和设计，由近及远、由浅入深、由表及里，因为只有能适合于学生的东西，才能为学生理解和接受，发挥其应有的作用。在这样的情境中学习，才可能使学生获得知识与技能，才可能使学生解决具体问题的经验日趋丰富，才可能在新情境中实现相应的学习迁移活动，也只有这样的教学情境设计才是有效的教学情境设计。

但是在实践中有的教师只把它当作点缀，还有一些教师却因此迷失了教学的方向，主要表现在以下几个方面：

一是形式化的情境。教师创设的教学情境缺少对教学内容与教学形式内在联系的把握，重教学形式的研究，忽视教学内容的研究，就像用五颜六色的糖衣包着不甚清楚的教学内容。这种情境与教学内容并没有任何内在的实质性的联系，只是外加的一顶"高帽子"。

二是缺乏真情的情境。如前苏联教学论专家斯卡特金所指出的："我们建立了很多合理的、很有逻辑性的教学过程，但它给积极情感的食粮很少，因而引起了很多学生的苦恼、恐惧和别的消极感受，阻止他们全力以赴地去学习。"当然，我们强调的是真实的情感，而不是虚假的情感。一位教师讲《董存瑞舍身炸暗堡》

一文时，为了活跃气氛，问学生："你们最崇拜谁？"学生纷纷举起了手。有的说崇拜球星罗纳尔多，有的说崇拜影星赵薇，有的说崇拜棋圣聂卫平……学生交流结束后，老师反问学生："你们猜，我最崇拜谁？"话音刚落，学生们异口同声地说："老师崇拜董存瑞。"一听到这么整齐的回答，在多媒体教室坐着的近百名听课教师顿时爆发出一阵哄笑。这笑声显然是对缺乏真情的教学设计的嘲笑。

三是偏离教学的情境。教学情境是指向教学的、促进学生学习的情境。教学情境设计远离了教学就会干扰教学，就会使教学效果降低，甚至影响和干扰教学。

在讲《乡愁》时，有教师设计了一个提问导语，想启发学生说出课题来。

"如果有个人到了一个遥远的地方，时间一长，他开始想念自己的亲人，这叫作什么？"

学生答道："多情。"可能老师觉得不妥。

"好，我换个角度再问：这个人待在外乡的时间相当长，长夜里他只要看见月亮就会想起自己的家乡，这叫作什么？"教师又问道。

"月是故乡明。"学生很干脆地答道。

"不该这样回答。"教师有点急了。

"举头望明月，低头思故乡。"学生回答的语气显然不太自信了。他抬头一看，教师已是满脸阴云，学生连忙换了答案："月亮走我也走。""我只要求你用两个字回答，而且不能带'月'字。"教师继续启发道。

"深情。"学生嗫嚅道。

好在此时下面有同学接口："叫作'乡愁'。"教师才如释重负。

6. 多媒体的泛用

利用多媒体课件创设情境已经为广大教师所普遍采纳，多媒体情境有其特有的优势，但是在实践应用中也出现了负面效应。主要表现在以下几个方面。一是主次不分。在一般情况下多媒体只是教学的辅助手段，选择什么样的教学媒体要根据教学内容而定，而不是越多越好。还有的教师为了方便，经常用现成的课件代替教师自己上课。二是冲淡师生感情。教学是师生感情交流的方式，也是教学有效性实现的重要途径。更多的多媒体教学使学生和教师的交流让位于机器与学生的交流，导致教学有效性的下降。三是忽视教师自身的挖掘。由于过于依赖多媒体教学，过多依赖网上资源，许多教师独立思考和深入挖掘教学内容的能力和习惯受到一定程度的影响，形成相当程度的多媒体依赖。有个真实的实例很能说明问题：一个大学因故停电，前一天晚上通知，第二天有半数的教师不能正常上课，原因是多媒体不能用了。

# 第四章  有效教学的目标设计

## 第一节  教学目标设计概述

### 一、教学目标的含义

在汉语中，"目标"一词常有两种含义，一是指射击、攻击、寻找或嘲笑等动作、活动的对象，这些动作所指向的对象就是目标。二是指对活动结果所预先设想或拟定的要求、标准。教学是人的一种活动，教学活动中的"目标"适合于其中的第二层含义，因此教学目标即指对教学活动的预期结果所要达到的标准，教学活动所达到的预期结果。因此教学目标就是对教学活动所要促成的学生身心变化要达到的标准、要求所作的规定或设想。换言之，教学目标就是通过教学活动促成的学生预期的身心变化。就像通过一定的教学活动，要求学生能够掌握多少语言知识、掌握多少读写技能、掌握多少数学计算技能、掌握多少物理实验操作技能，就像通过中考达到了高中水平，就像通过高考实现了大学的梦想，这些预先的规定和预设，构成了教学目标的一部分。

克拉克认为，教学目标是"目前达不到的事物，是努力争取、向之前进、将要产生的事物"。[1]教学目标是指教学活动预期达到的最终结果。实际上教学目标是一种教学的主观愿望，是对完成教学活动后学习者达到的状态的描述。它表达了学习者通过学习后的一种结果。教学目标的表述要明确、具体、可以观察和测

---

[1]  [美]克拉克著．中学教学法[M]．北京：人民教育出版社，1985：163．

量，因此一定要用明确的语言表述教学目标。

教学目标不是单独存在的，有什么样的教学，就有什么样的教学目标与之相适应，由于教学的层次不同，也形成了不同层次的教学目标，由此构成了教学目标体系。一般来说，教学活动可以从课程、单元、课时等层次来看。因此教学目标包括课程目标、单元目标、课时目标等层次。课程目标是指某门课程在教学上总体所要达到的要求，就是一门课程的教学活动全部完成所要达到的结果。简言之，就是一门课程的教学活动从总体上所要促成的学生的身心变化；单元目标是对一门课程中各个组成部分的具体要求，即一门课程中的某个单元的教学活动所要达到的结果，简言之，就是这个单元的教学活动所要促成的学生的身心变化；课时目标是对每个课时的具体要求，即一个课时的教学活动所要达到的结果，简言之，就是一个课时的教学活动所欲促成的学生的身心变化。

教学目标不仅与教学层次相联系，还与教育目标、教育目的、培养目标相联系。教育目的、培养目标和教学目标构成由高到低的教育目标完整体系。

教育目标是一个关于教育活动之预期结果的总的概念，是指一定的教育活动所要促成的预期的身心变化，它包含其他目标层次；教育目的是指教育活动的总目标，是教育目标的最高层次，它是指社会对教育所培养的人的质量规格的总的设想或规定，强调国家政治层面的整体要求。例如，中国现阶段的教育目的是培养青年、少年、儿童在品德、智力、体质等方面全面发展，使他们成为有理想、有道德、有文化、有纪律的建设人才；培养目标是根据教育目的和各级各类学校或各专业的具体任务制定的各级各类学校或各专业在培养人上的具体要求，体现各层次学校在社会组织中的分工和要求。例如，教育部于2001年6月颁布的《基础教育课程改革纲要（试行）》中规定，基础教育的培养目标是："要使学生具有爱国主义、集体主义精神，热爱社会主义，继承和发扬社会主义民主法治意识，遵守国家法律和社会公德；逐步形成正确的世界观、人生观、价值观；具有社会责任感，努力为人民服务；具有初步的创新精神、实践能力、科学和人文素养以及环境意识；具有适应终身学习的基础知识、基本技能和方法；具有健壮的体魄和良好的心理素质，养成健康的审美情趣和生活方式，成为有理想、有道德、有文化、有纪律的一代新人。"

教育目的、培养目标和教学目标共同构成教育目标的不同层次的整体。教育目的是这些概念中一个总的概念，教学目标、培养目标等概念都属于它所包含的范围，属于这个总概念中的不同层次。教育目的是教育目标中的最高层次，它对培养目标和教学目标起着统率、支配、制约的作用，它是制定培养目标和教学目标的依据之一，也就是说，制定培养目标和教学目标有多个依据，其中重要依据之一就是教育目的；培养目标是基本的中间层次，它一方面受教育目的的制约、支配，以教育目的为依据之一，另一方面又对教学目标起着制约、支配作用，是制定教学目标的依据之一；教学目标是其中的最低层次，它受教育目的、培养目标的支配、制约，它的制定要以教育目的、培养目标为依据。也就是说，教育目标包括教育目的、培养目标和教学目标三个层次，其中最高的层次为教育目的，其次的层次为培养目标，最低的层次为教学目标。

## 二、教学目标的功能

既然教学目标在教育目标体系中是最低的一个层次，为什么我们需要研究、确定教学目标呢？这是因为教学目标具有多方面的功能，即有多方面的积极作用。美国学者麦克唐纳曾指出，教育目标具有以下五项功能：一是明示教育进展的方向；二是选择理想的学习经验；三是界定教育计划的范围；四是提示教育计划的要点；五是作为评价的重要基础。我们主要探讨以下三个方面：

（一）明示方向

明示教育方向，就是在教育方式、教育目标上定向。人的活动在方向上是受多方面影响的，是具有多样性的，既可以向着这样的方向，也可以向着那样的方向。在没有活动目标指引的情况下，活动的方向是不确定的。而当有了活动的目标，就可以有明确的方向了，因为活动目标即是指向一定的结果的，这种结果就是为活动提示所指向的方向。教育作为一项社会活动，如果有预定的教学目标，教学活动就有了明确的方向。有了明确的教学目标，教学内容的选择与组织，教学方法的选择与运用，以至整个教学工作的开展，都可以围绕一定的方向进行，由此从整体上提高教育的社会效益。教学目标的导向作用具体表现为以下几个方面：一方面，教学目标能使教学活动围绕目标而自觉地进行，从而体现了教育活动的意识性、自觉性、目的性和能动性；另一方面，教学目标能够使教学活动集中于有意义的方向，而避开不符合预定方向的事物干扰，促进预期目标的实现；同时，教学目标的明确能够协调各种力量，提高教学活动的效率，使教学活动做到事半功倍。

有人做过一个小实验[1]，把同一班的学生分成两个小组，领他们去郊区农村参观。出发前告诉第一个小组的学生："你们注意观察谷物的生长情况，看那里有什么，长得怎样。"告诉第二小组的学生："你们注意观察蔬菜和水果的生长情况。"回来后让他们分别把观察所得写下来。学生们一般都有比较详细、具体、生动的描述。接着，教师让第一组的学生描写蔬菜和水果的生长情况，让第二组的学生描写谷物的生长情况。这样，只有极个别的学生能够写出自己的印象，大多数学生的叙述是含混、模糊的。说明教学活动的效果与教学目标的导向作用有着很密切的关系，在教学目标所指向的结果上，能够取得好的教学效果，而在其他结果上则难以取得好的效果。

（二）激励意志

教学目标能够激励教学活动。向学生指出教学目标时，教学目标能够激励学生向这种教学目标的达成而努力。

首先，当教学目标与学生的内部需要相一致时，学生为了满足有关的内部需要，就会努力地去为达到教学目标而努力。如果学生需要通过某一重大考试，而某种教学目标所包含的知识与技能正是与这一重大考试联系在一起，有助于通过这一

---

[1]  李震德主编.教学论[M].北京：人民教育出版社，1991：66.

重大考试，那么这种教学目标就有明显地激励学生学习活动的作用。

其次，当教学目标与学生的兴趣相一致时，这种教学目标因为与学生学习兴趣相联系，从而激发了学生的学习情绪，使学生为达到这种教学目标而努力。如果音乐是某个或某些学生感兴趣的，那么向某个或某些学生指明音乐上的教学目标，音乐上的教学目标会对学生的学习活动起到激励的作用。这首先是直接兴趣在起作用，因为直接兴趣关注活动的本身。同时，音乐教育目标可以通过间接兴趣产生作用，因为间接兴趣关注的是活动的结果，那些对音乐本身不感兴趣的同学，也可能因为间接兴趣而受到激励。

再次，当教学目标的难度适中时，这种教学目标能够较明显地起到激励学习活动的作用。教育学理论告诉我们："适度的教育难度会促进学习的发展。"即跳一跳能够摘到桃子，那么，就比较容易引起学生的兴趣，从而起到持久的激励作用。这也是维果茨基的"最近发展区"理论的基本原理，要求教学目标适度超出学生的现有发展水平，而达到学生的可能发展水平，这样最容易激励学生的学习活动，维持学生较持久的学习动力。教学目标太难会使学生望而却步，"知难而退"。而教学目标的难度太低，则会缺乏挑战性、刺激力，使学生感到"没劲"。

（三）评价尺度

教学目标能够成为评价尺度。在教学活动过程中，我们往往要对教学活动进行评价，以便随时了解教学活动的效果，随时对教学活动的进度与方法进行调整与改进；或者在教学活动结束之后，也要对教学效果进行评价，以便对教学活动进行某种评定。而教学评价活动的一个关键问题是评价标准问题，教学目标就成为我们教学评价的标准。一方面，对教学效果的评价，在很大程度上是要评判教学活动是否达到了预期的教学目标，在多大程度上达到了预期的教学目标。要评判教学活动是否或在多大程度上达到了教学目标，其基本的标准显然应该是教学目标。因为我们需要以教学目标为标准，拿所取得的教学效果与教学目标进行对照，根据教学效果与教学目标的符合度来对教学效果进行评判。另一方面，对教师授课质量评价、课程评价等，虽然不是以教学目标为唯一的评价标准，但却是以它为评价标准之一。因为教学工作、授课质量如何，最终要看学生的身心变化对教学目标的符合情况怎么样，看教学活动在多大程度上实现了教学目标。

### 三、教学目标设计的研究 [1]

泰勒的学习行为目标。在教学目标研究的范围内普遍认为美国俄亥俄州立大学的泰勒教授是当今学习目标之父。早在1932年，他就指出：通过对课程内容的分析，可以确定以行为描述的目标，在这个行为目标基础上编写试题是重要的。通过学习行为与考试试题相联系，从测试题入手找到了教学目标设计的突破口。在此基础上，1948年，一批从事大学考试研究的美国教育工作者参加了美国心理学学会的一次会议，专门就学生学习成绩测试中所遇到的困难进行探讨。在当时尚没有制定共同评价参照体系的情况下，他们对如何在教育评价方面开展合作与交流进行了研究。

布卢姆的发展。1948年大会以后，一些有志研究该课题的教育工作者定期聚会，有意制定一个"可用于促进考试者之间交流的理论构架"。布卢姆及其合作者在这一研究背景及其成果的基础上，发表了《教育目标分类学：第一分册，认知学习领域》（1956年）及《教育目标分类学：第二分册，情感学习领域》（1964年）对教学目标研究做出了重大贡献。

马杰与程序化教学。20世纪50年代中期，美国兴起了一场程序教学运动。1962年，马杰出版了《程序教学目标的编写》一书，以程序教学课本的形式，系统地提出了使用行为术语陈述教学目标的理论和方法。他强调：必须以具体明确的表述方式说明学生完成学习任务以后应该达到的行为指标。用他的话来说："假如你对要去的目的地不清楚的话，那么，很可能你会抵达另一个地点——不知道走错了目的地。"该书已成为美国教育界的一本经典。20世纪60年代以来，行为目标成了教育心理学的重要概念。

[1] 王丽娟.教学设计[M].海口：南海出版社，2003：9.

上个世纪60年代以来，美国教育界为了提高教学质量，曾广泛研究教学目标的编写，一方面推动了教学目标研究的深入，也提出了两个重要的思考问题，对今天的教学设计研究有着借鉴作用。一是以什么作为编写学习目标的依据；二是当教师编好学习目标后不知道学习目标的用途是什么。前者引发我们思考的是教学目标的依据和内容，后者让我们思考的是教学目标设计的作用和意义。这恰恰是我们今天研究有效教学设计要关注的问题。

产生这两大问题的主要根源在于，在当时的条件下还没有形成一个完整的教学设计过程的模式，学习目标是教学系统的一部分。而脱离教学系统的整体的学习目标，对改进教学质量的作用是有限的。

近年来，国内的课程与教学专家，根据国外同行的研究和中国的实际，在教学目标和学习目标的研究上，结合世纪之交的新课程改革，提出了"三维"教学目标的思想，是对传统教学目标设计的继承和发展，把教学目标研究推向一个新的高度。

## 第二节　教学目标的分类

根据学习类型的性质，一般将教学目标分成三大类或称学习的三个领域。它们分别是：认知教学目标、动作技能教学目标和情感教学目标。目前教育心理学的教科书对学习一般都这样分类。20世纪70年代后期，国外有人提出了人际关系技能的教学目标。为了有效地设计教学，我们有必要理解这四类学习领域及各领域教学目标的不同层次。

### 一、布卢姆教学目标分类

1948年，在波士顿召开的美国心理学大会上，以布卢姆为首的大专院校考试专家们，就建立一种能促进考试专家之间相互交流的理论框架进行了充分的讨论并达成了共识：建立一个教育目标分类体系，作为相互交流的理论框架。并计划完成一部完整的教育目标分类著作，该著作包括认知领域、情感领域和动作技能领域三个部分。在布卢姆主持下这个宏大的研究迅速展开并取得了重大成果。由此就形成了一个相对完整的教育目标分类体系，也称为"布卢姆教育目标分类学"。

综合布卢姆关于教学目标的分类理论有如下几个特点：

一是将全部教学目标划分为认知领域、情感领域和动作技能领域这三个领域。认知领域包括有关知识的回忆和再认以及理智能力和技能的形成等。情感领域的目标主要包括兴趣、态度和价值等方面的变化以及判断力和令人满意的适应性。动作技能领域的目标强调学生通过肌肉运动对材料和客体的某种操作，或需要神经与肌肉协调的活动，如学生的实验操作、体育运动、书法、表演等。

二是以外显行为作为教学目标分类的对象。布卢姆认为，以学生的外显行为作为分类的对象是有必要的，因为在学生的内隐心理活动和外显行为中，只有外显行为是可观察、可测量的，只有以外显的行为作为分类的对象，用关于外显行为的术语来陈述的教学目标，才具有实际意义。强调通过现象看到学生内在的内容，使评价建立在客观基础上。

三是教学目标有层次结构。布卢姆认为，按照学生行为由简单到复杂的顺序，呈现出明显的层次性，从较低层次的目标到较高层次的教学目标是累积性的，较高层次的教学目标是以较低层次的目标为基础的，包含了较低层次的教学目标。

四是教学目标超越内容。布卢姆等人认为，关于教学目标的分类是不受学科教学内容和学生年龄限制的，不论是数学、语文还是历史、地理，也不论是低年级学生还是高年级学生，都可以把该教学目标分类的体系作为框架，加入相应的内容，形成每门学科的教学目标分类体系。在这方面，布卢姆等已成功地做了一系列的尝试，根据自己的教学目标分类框架，制定了中学十几门学科的教学目标。这为后来的教学大纲、课程标准的建立和科学的教学评价奠定了坚实的基础。

五是教学目标分类学是一种工具。在布卢姆等人看来，教学目标的分类本身并不是目的，而是为教育评价、为对教学过程和学生变化做出假设、为课程编制服务的一种工具。工具性的理论建设是一种奠基性的工作，相当长的时间教育教学理论已取得的成绩和今天我们面临的教育困境，都与这种基础性理论研究有关。

（一）认知领域的目标分类

认知领域的教学目标，按照从简单到复杂的顺序分为六个层次：知识、领会、运用、分析、综合、评价。后五个层次属于理智能力和理智技能。

1. 知识

这里的知识指对先前学习过的知识材料的回忆，包括具体事实、方法、过程、理论以及类型、结构和背景等的回忆。知识是这个领域中最低水平的认知学习结果，它所要求的心理过程主要是记忆。简而言之，就是对各种现成知识的回忆。

具体的知识指对具体的、孤立的片段信息的回忆。一是术语的知识，如用具体符号指代事物的知识，大量词汇的一般意义；二是具体事实的知识，如日期、事件、人物、地点等方面的知识，对有关某些特定文化中的主要事实的回忆。

处理事物的方式方法的知识指有关组织、研究、判断的方式方法的知识。包括：一是惯例的知识；二是趋势和顺序的知识；三是分类和类别的知识；四是准则的知识；五是方法论的知识。

学科知识是学科领域中的普遍原理和抽象概念的知识，主要有：一是原理和概括的知识，就是建立现象与本质联系的知识，就是概括本质的知识；二是理论和结构的知识，即关于为某种复杂的现象、问题或领域提供一种清晰的、完整的、系统的观点的重要原理及其相互关系方面的知识，比如阐述系统的循环经济思想。

2. 领会

指把握知识材料意义的能力。可借助三种形式来表明对知识材料的领会，一是转换，即用自己的话或用与原先的表达方式不同的方式来表达所学的内容；二是解释，即对一项信息（如图表、数据等）加以说明或概述，例如解释社会现象的能力；三是推断，即预测发展的趋势。在超出已有材料和数据的范围之外进行推断，以求出与已有材料和数据相符合的含义、后果、推论、效果等方面的判断。例如，根据明确论述得出的直接推理，探讨某一作品的结论的能力。领会超越了单纯的记忆，代表最低水平的理解。

3. 应用

指把学到的知识应用于新的情境。它包括概念、原理、方法和理论的应用。它与"领会"的区别在于是否涉及这一项知识以外的事物。"领会"仅限于本身条件、结论的理解。"应用"则需要有背景材料，构成问题情境，而且是在没有说明问题解决模式的情况下，正确地运算、操作、使用等。问题情境须具备两点：一是新问题；二是构成情境的材料是学习者的常识或旧知识。"应用"这一水平层次以"知道"、"领会"为基础，是较高水平的理解。

4. 分析

指把复杂的知识整体材料分解为组成部分并理解各部分之间的联系的能力。它包括部分的鉴别，分析部分之间的关系和认识其中的组织原理。例如，能区分因果关系，识别文章中作者的观点和倾向等。分析代表了比运用更高的智力水平，因为它既要理解知识材料的内容，又要理解其结构。它包括三个层次。一是要素分析，即识别某一信息所含的要素。例如，区别事实与假设的能力。二是关系分析，即对信息中诸要素和各部分之间的联系和相互作用的分析。例如，领会一个段落中各种观念之间的关系的能力。三是组织原理分析，即对使信息组合成整体的组织体制、系统安排和结构联系的分析。例如，识别文学艺术作品的形式和模式，使之成为理解其意义的一种手段的能力。

5. 综合

"综合"与"分析"相反，是指将所学知识的各部分重新组合形成一个知识整体。"综合"强调创造能力和形成新的知识结构的能力。它包括能突破常规思维模式，提出一种新的想法或解决问题的方法；能按自己的想法整理学过的知识，对条件不完整的问题，能够创设条件，构成完整的问题，设计一个解决问题的方案等。它包括三个具体类别或者说三个层次。一是语言的综合，在一定情境下，能够把自己的观点、感受和经验系统地传递给别人；在讨论中能够结合大家的发言形成综合发言；写作时把各种观念和论述严谨地组织起来，并概括为综述。二是实践综合，制订计划或操作步骤实现目标，如制订合理的工作方案。三是逻辑综合，形成抽象逻辑关系，用以对特定的资料或现象进行分类或解释；从一套基本命题或符号表达式中演绎出一般命题和关系。

6. 评价

指对材料如论文、小说、诗歌、研究报告等，做价值判断的能力。一是按材料内在标准对其组织、语言、内容等进行判断；二是依据外在的标准，如目标设计与现实结果的关系进行价值判断。它首先要在"综合"的基础上形成对每一问题的看法，然后通过客观对象与此标准之间关系的分析，才能做出判断。因为它要求超越原先的学习内容，同时又基于明确标准的价值判断，所以它是最高水平的认知学习结果。

（二）情感领域的目标分类

情感是对外界刺激肯定或否定的心理反应，个体的情感会影响他做出行为上的选择。情感学习与形成或改变态度、提高鉴赏能力、更新价值观念、培养感情等有关，这是教育的一个重要方面。1964年，克拉斯沃尔、布卢姆等人的《教育目标分类学：第二分册，情感领域》出版，在这本著作中，他们把情感领域的教学目标，按照价值内化的程度分为五个具体类别或者说五个层次：接受、反应、价值评价、组织、由价值或价值复合体形成的性格化。

1. 接受

指学习者愿意注意某特定的现象或刺激。例如，认真听讲，参加班级活动，意识到某问题的重要性等。学习结果包括从意识某事物存在的简单注意到选择性注意，是低级的价值内化水平。它包括三个层次，一是觉察，指学习者意识到某一情境、现象、对象或事态，这种意识不一定能用语言来表达，但可以感受到这种刺激带来的变化，就像长期的觉察形成的对服装、建筑、城市设施等的审美意识。二是愿意接受，即学习者愿意承受某种特定刺激，而不是去回避，就像人们由于直接兴趣和间接兴趣形成的对身边事物的喜爱和关注。三是控制或选择，即自觉地或不自觉地从现实的事物各种刺激中选择一种或几种作为注意的对象的重点，而排除其他的无关的刺激。

2. 反应

指学习者主动参与和积极反应的状态，如完成教师布置的作业，提出意见及建议，参加小组讨论，遵守校纪校规，同意某事等。这时学习者对出现在他面前的刺激，已经不只是注意到，而且产生了一定积极的动机。它包括三个具体的层次。一是反应中的默认，对某种外在要求、刺激，虽然存在一定的被动性认识，但还能认可，就像对世俗的"常理"。二是反应中意愿，对于某项行为有了相当充分的责任感，并自愿去做。愿意主动学习一些环境知识等。三是反应中的满意感，学习者不仅自愿做某件事，而且伴着愉快的心情来做这件事情，就像快乐地读书，愉快地运动等。

3. 评价

指学习者用一定的价值标准对特定的现象、行为或事物进行判断，形成一种内在的价值观。它包括接受或偏爱某种价值标准，为某种价值标准做出奉献。它包括三个具体的层次。一是价值的接受，即接受某种价值，是价值评价中的中性态度。对一些约定俗成的东西表示理解，并不强烈地反对，就像对现在的考试制度，虽然有不合理的地方，但也没有更好的办法，所以采取接受。二是价值的偏好，学习者不仅接受某种价值，而且被这种价值驱使着、指引着，成为学习者的行为所追求的目标。表示出的是意愿和责任。就像愿意帮助同学一起学习和提高。三是价值的信奉，指个体坚定不移地相信某种观念或事业，并全力以赴地去推动这种他自认为有价值的观念或事业，这是一种理想的价值评价，就像周恩来"为中华之崛起而读书"的理想。

4.组织

指学习者在遇到多种价值观念出现的复杂情境时，将价值观组织成一个体系，把各种价值观加以比较，确定各种价值观的相互关系及它们的相对重要性，接受自己认为重要的价值观，形成个人的价值观体系。例如，先处理集体的事，然后考虑个人的事，形成一种与自身能力、兴趣、信仰等协调的生活方式等。值得重视的是，个人已经建立起的价值观体系会因为新观念的介入而改变。它包括两个具体的层次。一是价值的概念化，就是把类似的或不同的价值观放到一个平台上，如不同的学习方法和教育方法。二是价值体系的组织，就是在同一平台上的判断和选择，形成最适合的价值选择。

5.价值与价值体系的性格化

简单地说就是通过价值体系的组织，形成个人的品质和性格。个人的言行受确定的价值观支配，逐渐形成观念、信仰、态度的融合，并最终形成体现世界观的人生哲学。各种价值已经在个体内在的价值层次结构中固定下来，已经被组织成为一种内在一致的体系，成为他的稳定的性格特征，而不再是一种表面性的或暂时性的情绪反应。这包括两个具体层次。一是心向泛化，指的是在任何特定的时候都对态度和价值体系有一种内在一致的倾向性，就是由心来支配行动，随时准备修正判断和改变行为。二是性格化，即外在价值已经内化为学习者的最深层的、整体的性格，包括他的世界观、人生观等。形成一种始终如一的生活哲学，在这种状态下人的行为表现为下意识的、自然的判断，甚至不需要"思考"。就像孔子说："七十而从心所欲不逾矩。"

总之，情感、态度的教育是一个不断内化的过程，教师或教科书上的价值传递，对于学生而言是外在的，学生必须经历接受、反映、评价等连续的内化过程，才能转化为学生自己内在的价值。教师在这个过程中不是一个旁观者，而是一个建构者；情感和态度的教育不仅仅是政治课或学生工作者的事，各学科都包含着这项工作。

（三）动作技能领域的目标分类

动作技能主要涉及骨骼和肌肉的使用、发展和协调。在实验课、体育课、艺术表演、职业培训、军事训练科目中，它通常是主要的教学目标。动作技能领域的教育目标分类比认知和情感领域的教育目标分类公布得晚，而且出现了好几种分类方式，目前尚无公认的最好分类，存在着多个分类体系。这里重点阐述辛普森的分类体系，同时简单介绍哈罗的综合分类体系。

1971年辛普森把运动技能目标分为七类或者说七个层次：知觉；准备；指导下的反应；自动化；复杂的外显反应；适应；创作。

1. 知觉

是指通过感官觉察到客体及其质量、关系。它包括三个具体的类别或者说层次：一是感觉刺激，即刺激作用于一个或几个感觉器官，产生相应的感觉，包括听觉、触觉、味觉、嗅觉、动觉等多种感觉。例如，觉察到各种不同织物的手感差别。二是线索的选择，即决定哪些线索是为了特定的操作任务而必须对其做出反应的。例如，通过机器运转的声音，知道机器运转的毛病。三是转化，即在做出动作之时，把知觉与行动联系起来。例如，根据食谱准备食物。

2. 准备

是指为某种特定的动作行动而做的预备性调整等准备状态。包括心理定向、生理定向和情绪准备。一是心理准备，即为进行某种操作而做的心理上的预设。例如，知道布置餐桌的步骤。二是生理准备，即为进行某种操作，以达到解剖学上所达到的准备状态，包括感受器的准备状态。例如，固定双手准备打字的位置。三是情绪准备状态，即在态度等方面做好有利于进行操作的准备。例如，渴望熟练地驾驶汽车。

3. 指导下的反应

是指个体在教师指导下，或根据自我评价表现出来的外显的行为动作。它包括两个具体层次或者说两个具体类别。一是模仿，这是作为对知觉他人从事某种行动的直接反应而做出的行动。例如，根据示范表演一组舞步动作。二是尝试，即尝试各种各样的反应。例如，通过尝试各种程序，发现汽车轮胎的拆装方式。

4. 自动化

指经过一定程度的练习，学习者的反应已成习惯，能以某种熟练和自信水平完成动作。这一阶段的学习结果涉及各种形式的操作技能，但动作模式并不复杂。

5. 复杂的外显反应

指包含复杂动作模式的熟练动作操作。操作的熟练性以精确、迅速、连贯协调和轻松稳定为指标。在这一层次上，技能已被掌握，能进行得既稳定又有效，即花最少的时间与精力完成这一动作。它包括两个具体层次：一是消除不确定性，即能够迅速而准确地操作。例如，操作铣床的技能。二是自动化的操作，即能够很轻松地、协调地表现出精细的运动技能。例如，演奏小提琴的技能。

6. 适应

是指改变动作活动以符合新的问题情境的要求。例如，通过改编已知的舞蹈技能，形成一种新的现代舞蹈。

7. 创作

是指根据在动作技能领域中形成的理解力、能力和技能，创造新的动作行动或操作材料的方式。例如，创造一种现代舞蹈；创造一种要求做出动作技能反应的新游戏。

此外，1972年哈罗提出综合分类系统。这个综合的分类把动作技能按由低级到高级分为反射动作、基础性动作的基本动作、知觉能力、体力、技能动作、有意交流。由于反射动作和基础性动作是随着身体发育的发展自然形成的，不是习得的技能，所以教学中不设定这两方面的学习目标，其他四类较高层次的动作技能简述如下：

8. 知觉能力

指对所处环境中的刺激所做的观察和理解，并做出相应的调节动作的能力。包括视、听觉辨别、触觉辨别、眼与手和眼与脚协调动作等。

9. 体力

包括动作的耐力、力量、灵活性和敏捷性。这是学习高难度技术动作的基础，构成了运动技能训练中的基本功训练。

10. 技能动作

指熟练完成复杂动作的能力。以基本动作为基础，结合知觉能力和一定的体力，经过一定的综合练习，就能熟能生巧地掌握技能动作。

11. 有意交流

指传递感情的体态动作。它也称为体态语，既包括反射性的，也包括习得的。有手势语、姿态、脸部表情、艺术动作和造型等。

## 二、霍恩斯坦的教学目标分类

1998 年，美国学者霍恩斯坦推出了一个全新的教学目标分类框架。在霍恩斯坦的教学目标分类学框架中，全部教学目标被分为认知领域、情感领域、动作技能领域和行为领域四个方面，每个领域的目标划分为五个层次或者说五个类型。

（一）认知领域

认知领域包括以下五个层次目标：概念化，理解，应用，评价，综合。

1. 概念化

是指在一个特殊的情境中认出、定义、概括一个思想的能力。一是认出，即在给定的情境中联系、回忆和再认关于思想、客体或现象的信号或符号的能力。例如：说出一个实验过程的步骤，标明一个项目，认出一个首字母缩拼拼词。二是定义，即识别一个概念的本质特征、范围和意义的能力。例如：定义一个事物，陈述一种现象的特征。三是概括，与定义不同，定义是给人抽象的本质的传递，概括是给人以形象的特征的传递，就是把一个事物、一种现象、一个过程的特点传递给别人。

2. 理解

是翻译和解释一个思想，以及推断内容信息的能力。一般讲的理解就是懂了，但是真正什么是懂了，并不是都清楚。它又包含三个层次，一是翻译，就是信息转换能力。例如：用自己的话语陈述问题，描绘一个图形或一幅图画，复述课本内容。二是解释，也可以叫说明，怎样说明？最好的说明就是举例子，能举出恰当的例子，说明真的懂了。三是推断，就是知识的活化问题，由表及里问题，举一反三问题，即由给予的信息进行推理的能力。例如：根据给定的一组资料进行预测。实际是一个方法的习得问题。

3. 应用

是一个确认问题和解决问题的过程。它包含如下两个层次。一是确定问题，即把一个突出的问题或情境要素从其周围背景中分离出来的能力。例如：区分相关的与无关的要素，确定问题的特性，明确问题的实质。二是解答，即用适当的原理与程序来解决具体问题与情境的能力，是理解的深化和延续。

4. 评价

是分析和描述信息资料或情境以进行评判的能力。它包括以下两个层次：一是分析，就是把物体或思想分解成更简单的部分，并了解部分如何联系或组织起来的能力。例如：识别思想组成部分，确定量值、平均数、离差、百分数，确定组成部分的内在影响，确定原因与结果，确定模式与方法。二是描述，即把信息与一个应当遵循的准则或标准作对比时识别其差异的能力。例如：识别价值、准则或标准，将证据与标准进行比较，识别差异。

5. 综合

是假设或解决产生新的办法或答案的复杂问题的能力。它又包括以下两个层次：一是假设，即做出尝试性的假定以引出或检验逻辑的或经验的结果的能力。例如：做出假定和预言，系统地阐述一个新假设，推测一个新的疗法，调查一个思想。二是解决，即回答复杂问题的能力。例如：将不同概念重新组织形成一个新的整体，在批判性的研究或反思之后形成一个结论，从基本原理到特殊结果进行演绎推理，形成计划和交流。

（二）情感领域

情感领域的目标分为接受、反应、价值评价、信奉、举止五个类别或者说层次。

1. 接受

是觉察、愿意和注意的意向。它包括以下三个层次：一是觉察，即意识到一个人周围的生活的环境和倾向。就是能够意识到周围的环境，感觉到不同风格的服装，听到不同教室的声音，意识到他人的态度。二是愿意，即选择容许和考虑特定的经验而不是忽视和拒绝它们。例如：听特定类型的音乐，不中断地听他人的观点，愿意看电影，听一种观点的各个部分。三是注意，即尽管有干扰刺激，也能集中注意力于特定经验的倾向。例如：注意教师正在说的话，观察一个演示，集中注意于一首歌的歌词，仔细地听一首诗，对一种潜在危险的警惕。

2. 反应

是默认、遵从和估价一种反应情境的倾向。它包括以下三个层次：一是默认，即接受他人建议的思想、行为和任务作为值得做的事的倾向。例如：接受另一个人的思想，同意参与一项活动。二是遵从，即在很少有或没有敦促的情况下行动的倾向。例如：无须敦促就帮助他人，参与活动，遵守课堂规则；遵照命令，自愿执行一项任务。三是估价，即估价一个人关于一种反应的感情的倾向。例如：乐于参与小组活动，想做得更多，对某事感兴趣，喜爱唱歌。

3. 价值评价

是认可更喜爱和证实一种价值的倾向。它又包括三个层次：一是认可，即认可一种基本价值的倾向。例如：赞同体育运动是有价值的，认可健康的生活方式，认可民主的原则。二是更喜爱，即在多种供选择的价值中进行选择的倾向。例如：当给予一种选择情境时，认为一个人应该诚实，认为一个人不应该服用毒品，觉得一个人应该帮助他人，觉得一个人不应该凭预想判断他人。三是确认，即通过经验证实一种价值之重要性的倾向。例如：在一次经验之后，感到帮助某人的益处，认为忍耐是美德，认为当一个人尊重他人的观点时人与人之间的关系更好，在与他人合作中感到满意。

4. 信奉

是相信并将一种价值作为指导原则的倾向。这又包括两个层次：一是相信，即相信一种价值并将之作为指导原则的倾向。例如：当一种情境出现时表达一种坚信，一个人愿意诚实、正直、帮助他人、关心他人、尊敬他人。二是信奉，即内化并坚持一种价值原则的倾向。例如：当一种情境出现时表现出拥有一种价值，愿意永远说谢谢你，愿意坚持做某事直到把它做好，愿意遵守规则，不对他人有偏见，愿意说真话。

5. 举止

是遵照一种价值或信念显示和改变行为的倾向。它又包括两个层次：一是显示，即遵照某种价值或信念而行动的倾向。例如：按一种特定的、几乎可预测的方式行动，以合理的方法解决问题，自信地执行任务，坚持健康饮食，将短暂的满足从属于长期目标。二是改变，即遵照价值和信念调整或升华行动的倾向。例如：当新的信息表明需要变化时改变看法，体现出价值的强化，如停止吸烟，改变饮食，遵守现行的规则等。

（三）动作技能领域

动作技能领域的目标包括知觉、模仿、整合、创作、熟练五个层次：

1. 知觉

是接受和认识到关于概念、思想、物体和现象的详情的能力。它又包括以下四个层次：一是感觉，即通过一种或多种感官感觉特定刺激的能力。看到白云的形状，听见某人低语，尝到食物的味道等。二是辨认，即认出并将特定刺激与特定概念、思想、物体或现象联系起来的能力。尝出酸味如同柠檬的酸味，识别出空气中的气味如同刚烘烤的面包的气味等。三是观察，即识别并将关于一个概念、思想、物体或现象的性质或特征的多种多样的提示联系为一个整体的能力。认识舞步与节拍发生的动作与声音之间的关系，叙述解剖昆虫的工具与方法等。

四是意向，即了解、领悟认识另一个概念、思想、物体、现象的作用或价值的能力，和以一定的方式摸索或行动的意向。观看教师画出字母表中的字母并想要尝试，认识到遵循安全防备办法的价值，听音乐并想跳舞等。

2. 模仿

是激活、模仿和调节自然能力以形成一种符合一般模式或情境的行动或行为样式的能力，即从知觉到行动。它意味着优先地知觉、理解和遵循或试验一项任务或行动的意愿。它又包括以下三个层次：一是激活，即开始实施符合一般模式的自然的行动的能力。抓住一件工具，举起一个重物，摇动你的手臂等。二是模仿，即根据一种特殊的样式复现或重复行动能力。按照演示弹钢琴的音键和弦，用手指击打指定的打字机键等。三是协调，即按照控制的动作顺序或次序，以适当的程度模仿行动的能力。做跳跃运动，用打字机打一个句子等。

3. 整合

是将适当的动作协调起来，并以达到技能认定要求的动作能力。它包括以下两个层次：一是统整，即把两种或更多的能力转换或结合成更复杂的样式或任务的能力。观察场地，并按照适当的次序和节拍用手指弹吉他；运用正确的语法、拼写和标点，用清晰的草体字写一篇文章等。二是标准化，即以达到技能认定的规定的质量和特征执行任务的能力。在具体规定的时间和精确性范围内启动计算机，设置版式，准确地阅读原稿，用计算机打一页文稿等。

4. 创作

是保持并调适能胜任的、有效的技术和技能以执行指定的职责的能力。它暗示先前的信奉、评价和适应的能力与技能。它又包括以下两个层次：一是保持，即执行产生规定的或期望的效果或结果的活动程序的能力。用技能和感情表演多种音乐改编的乐曲，在戏剧中扮演角色，根据工程设计建造多种小房间，准备各种美味的和有营养的膳食等。二是调适，即把技能与方法的变化注入正在进行的实践之中的能力。在当前的实践中加入新的安全规则，将一套新的舞步动作融入一件作品中，修改、重新组织、改写一部小说并重新安排其版式等。

5.熟练

是创始和完善能力与技能的能力和愿望。这是追求能力与技能的精纯化以达到出色。它意味着优雅的举止、综合和创作的能力与技能。它又包括以下两个层次：一是创始，即有目的地、有创造性地改变任务和技能的构成以产生新的技巧、过程和作品的能力。发展一种新的舞步或舞蹈动作，创造一套新的艺术技巧或方法，设计一种新的产品或建筑物等。二是完善，即寻求和达到更高水平的能力、专长、智慧、艺术才能、敏感性的能力和愿望。成为小提琴大师、一名游泳冠军、一名诗人、一名作家、一名工艺师等。达到最好状态，成为最好的自己。

（四）行为领域

从分析的角度，我们把人的行为分成认知、情感和动作技能三个领域，但是从学习本身来看，它是认知领域、情感领域和动作技能领域的综合。人的学习过程，是人作为一个整体而产生的行为。学习时，一个人在思考、在感受、在行动，由此构成人的综合行为。因此，行为作为一个综合性的领域被提了出来，它是这三个领域的综合。

与前面三个领域一样，行为领域也包括获取、同化、适应、施行、达成五个层次的目标。

1.获取

是在特殊的情境中的接受和知觉，是使一种思想或现象概念化的能力。一般包含接受、知觉和概念化三个层次。通过对新信息的识别、再认、确认、观察和一般化以建立起关于它的概念。例如：听一个关于循环经济的报告，非常欣赏并对其中相关问题有所思考；观察一个关于如何执行一项任务的原理演示，并觉得它是有意义和有趣的。

2.同化

是在一种情境中理解并作适当反应的能力，是将概念、思想和观念改变或转换为类似情境的能力。包括反应、理解和模仿三个层次。是探索和检验知识的一般正确性和价值，并在特定背景中行动和加强关于它们功效的意向的能力。例如：谈家庭作业材料以准备做指定的作业，运用作为模型的原理和方法解决数学问题并发现它们有效等。

3.适应

是改变与指定的质量、根据和标准相符合的知识、技能和性格的能力，是以期望的质量和特征显示心理能力与身体能力与技能，以在实践情境中执行一项任务或解决一个问题，并显示出对特定价值的偏爱的能力。包括价值评价、应用和整合三个层次。例如：使用新的计算机操作系统，应用新的评价系统等。

4.施行

是对情境进行评价和产生结果的能力。包括根据情境分析、描述、评价和整合知识、价值和信仰的行动。含有信奉、评价和创作三个层次。学习者有效的知识、性格和价值，能够形成胜任的技能、有效的实践，这些都会增加学生的自信，从而形成新的创造。例如：能通过读烹饪书与自己的以往的实践联系起来准备各种美味的和有营养的膳食。

5.达成

是综合知识和精通技能并将这些表现在行为中的能力。例如：学习者努力学习并在计算机大赛中获得大奖，尝试将敏感性因素用于产生艺术作品设计之中等。

## 三、新课程标准中的"三维"课程目标

2001年7月教育部颁布了九年义务教育各门学科的新的课程标准的实验稿，以取代原先的教学大纲，这成为世纪之交中国第八次基础教育改革的重要事件。在多数学科新的课程标准中，把教学目标分为：知识与技能，过程与方法，态度、情感与价值观三个维度，简称三维目标。

（一）三维目标的涵义

1．知识与技能

是对学生学习结果的描述，即学生通过学习所要达到的结果，所以这个目标

也叫结果目标。这是要求学生掌握各门学科的基础知识和基本技能。这一目标有三个层次的要求：学懂、学会、能用。新课程的"知识与技能"目标与传统教学的"双基"目标有相当大的相容性，也有很大的不同，这是需要认真把握的。以语文学科为例，"总目标"的6－10条是对课程中知识和能力的具体规定。如阅读教学，教学大纲要求"能理解主要内容，领会中心思想，有一定的速度，养成良好的阅读习惯"；课程标准则要求"具有独立阅读能力，注重情感体验，有较丰富的积累，形成良好的语感"，此外，还提出了九年课外阅读总量应在400万字以上，以及强调积累与语感的培养、阅读方法的运用、个性发展等。这些都是对"知识和能力"这一维度新的理解，语文能力不能仅仅局限于过去的相对狭隘的听说读写能力。还要"在发展语言能力的同时，发展思维能力，激发想象力和创造潜能"，这对教师的教学提出了更高的要求。

2. 过程与方法

这是新课程标准中增加的一个维度的目标，它注重的是学习的过程、探究的过程。是学生在教师的指导下，如何获得知识技能的程序和具体做法，是过程中的目标，也称程序性目标。课程标准强调在实践中学习，"总目标"指出"能主动进行探究性学习，在实践过程中学习、运用语文。""过程"，重在"亲历"。"识字""阅读""口语交际""习作""综合性学习"等，都要让学生亲历过程，在过程中学习，使学习过程成为学生生活的一部分。由此提出一个极其重要的理念，"学习是一种实践活动"，就像孔子所说"学而实习之，不亦说乎"，学习和实践结合起来才能实现学习的真正价值。这种价值就体现在学习与实践结合过程中对方法的理解和掌握。在所有的学习中，方法的学习可能是最重要的学习，这也是新课程对教育的贡献之一。

在课堂教学中，方法的学习不是以方法课的方式进行的，而是渗透在各个学科课中进行的。因为"方法"是具体的，而不是抽象的，应与知识的学习，技能的训练，情感的体验，审美的陶冶相伴而生。教育的理论和经验告诉我们，独立于具体的知识技能之外的学习"方法"是很难产生迁移的。提高语文能力的主要途径是语文实践，在生活中我们经常看到许多有名的作家往往不是学习中文出身的，其原因固然很多，但是长期以来语文教学不注重实际的方法渗透可能是不可否认的原因。

3. 情感、态度、价值观

这也是新课程标准中增加的一个维度的目标。是学生对过程或结果体验后的倾向和感受，是对学习过程和结果的一种主观体验，所以，也叫体验性目标。包含认同、体会和内化三个层次。

新课程标准总目标对"情感态度和价值观"的具体要求，涵盖传统的思想教育的精华，以及生命意识、现代意识、多元文化和语文学习兴趣、信心、习惯的培养等方面。这不仅要求在课堂教学中实现情感态度价值观的认识和体会，还要逐渐内化为高尚的道德情操和健康的审美情趣，以及正确的价值观和积极的人生态度。新课程的"情感态度和价值观"目标体现的是语文的人文性，强调的是给学生广博的文化浸染，内涵比起教学大纲"思想性"目标要丰富得多。

（二）三维目标之间的关系

1. 三维目标核心是人的发展

新课程目标的三个维度，不是指三类不同目标，而是指同一事物的三个方面目标，这三个方面共同构成学生发展的整体发展目标。就像一个立方体都有长、宽、高三个维度一样，课程目标的三个维度也是这样：学生学习任何知识和技能都要运用一定的方法，都要经历一个过程；并且不管是主动探究还是消极学习，学生总会伴随一定的情感和态度的改变。这个过程的积极与否一定对学生的成长产生影响，这就是学生发展的过程，教育就是要实现学生的整体发展。

2. 三个维度互相作用

在构成人的发展链条中，三维目标不是孤立地发挥作用，而是以融通的方式共同促进人的发展。知识技能维度目标立足于学生学会，过程方法目标维度立足于学生会学，态度情感价值观维度立足学生乐学。所以，在人的成长中知识与技能只有在反思和实践过程中才能真正实现；情感态度和价值观也只有在科学知识技能积累和应用中才能得到提升；过程与方法只有以积极的情感为动力，以知识为目标才有价值。正像苏霍姆林斯基曾指出："只有当知识在变为个人信念，变为人的精神财富，从而影响到他生活的思想方向和劳动、社会积极性及兴趣时，知识的获取过程和知识的深化过程才能成为智育的要素。世界观的形成乃是智育的核心。"

下面我们看一个教学实例。

朱自清的《春》写春天来时，"小草偷偷地从土里钻出来"这句话，一位教师这样引导学生阅读：

师：春天到了，小草长出来了。小草怎么长出来的呢？作者用了"偷偷地"这个词。"偷偷地"，就是说小草趁人家不注意，让人毫无察觉地、无声无息地从土里长出来了。但是没有用"长"，而是说从土里（老师用右手食指做了一个向上的手势）——

学生齐声：钻出来了。

师：用"钻"这个词，写出小草的生长是很不容易的。它要穿过厚厚的土层，有时还会碰到石头瓦块，就要顶翻它们，然后茁壮地生长出来。可见一个"钻"字，就写出了春草虽小，但是它们的生命力却是极顽强、极旺盛的。大家看，"偷偷地"和"钻"这些词用得多好啊！

在这段教学中，教师显然在对字词"钻""偷偷地"的教学中，通过引导学生展开联想和想象，认识小草生长的劲头，领悟小草默默无闻、不哗众取宠的品质，领悟小草不怕困难挫折、顽强进取的拼搏精神。由此可见，在字词的教学中，同样可以融合知识与能力、过程与方法、情感态度和价值观三个维度的目标。

实际上，不论是写字、阅读、写作还是练习，都有情感态度价值观的渗透和方法的学习、知识的掌握、能力的获得。在任何一个显性领域中，都有隐性的目标维度存在。所谓的三维目标，应该是一个目标的三个方面，而不是三个互相孤立的目标，对其理解，可以准确表述为"在过程中掌握方法，获取知识，形成能力，培养情感态度和价值观"[1]。

# 第三节　教学目标的确定和表述

教学目标在整个教学过程中起着重要的导向作用。新课程提出的三维目标是对以往教学目标研究的概括和提升，在这个提升中集中体现了有效教学的基本要求，一是教学目标的体现对象是学生，二是学生的发展是全面的。所以在教学设计中需要考虑各种因素来确定教学目标，并对教学目标的分类和教学目标表述进行深入的研究。

## 一、教学目标的来源

笔者经常和老师们聊天，问他们教学目标到底来源于哪里？这个问题的回答并不令人满意，有人说来自教学大纲，有的说来自课程标准，还有的人说来自教师对学生的了解，这些问题的回答结果恰恰说明这个问题的重要。关于教学目标的来源问题，整个20世纪都在争论。尽管教学目标的来源是多方面的，尽管争论到现在也没有结束，但总的来说，主流的观点认为：教学目标主要来源于学习者的需要和兴趣、当代社会生活的需要、学科的发展三个方面。教师应该对这三个方面都有充分的考虑，使教学目标在这三个来源上达到一种平衡。

（一）学习者的需要和兴趣

学生或学习者是教育的对象，也是教育的主体，所以教学目标的确定必须首先充分考虑学生的需要。那么，什么是学习者的需要？需要通常指实际状况与理想常模中的标准之间的差距，也就是指"实际是什么"与"应该是什么"之间的差距。我们期望学习者达到目标所指向的某种身心发展状况，而目前他们还处于某种较低的身心发展状况，此两者之间的差距即学生的需要。泰勒在阐述将学生

[1]　张慧聪．三维目标如何统一[J].语文建设，2005（08）．

需要作为教学目标的主要来源之一的理由时说："年轻人在家庭和社区中的日常环境，通常都为学生提供了相当大一部分教育方面的发展，学校没有必要重复校外已充分提供的教育经验。学校的种种努力应该主要集中在学生目前发展中存在着的严重差距上。因此，确认这些差距（即教育的需要）的研究是必要的，它为学校计划应该予以特别关注的教育目标的选择提供了基础。"[1]

如何确定学习者的需要呢？最重要的是了解学习者的现状，并将学习者的现状与常模作比较，由此来确认差距和需要。要了解学习者的现状，就需要对学习者的有关情况作比较全面的调查研究。对学习者进行调查研究的较理想的方法一般是：先把生活分解成若干个主要的方面，然后依次调查每一个主要方面，了解学习者在每一个方面的情况如何。泰勒曾提出，可以将生活分为以下几个方面：一是健康；二是直接的社会关系，包括家庭生活以及与亲朋好友的关系；三是社会公民关系，包括在学校和社区中的公民生活；四是消费者方面的生活；五是职业生活；六是娱乐活动。[2]通过调查研究，可以收集有关学习者的各方面的信息，并为我们了解、掌握学生的学习需要提供了条件，这也是我们关注学情的重要原因。

教学目标的确定还要充分考虑学习者的兴趣。兴趣在学习和教学中的重要作用在于，学习的过程是一个主动的过程，这个过程需要学习者自身的积极主动的努力，而学习者的积极主动的努力是建立在学习者自己的兴趣基础上的。如果学校教学作为教学目标的东西是学习者感兴趣的，那么，学习者就会主动地参与到教学中来，使教学活动有效地进行。相反，教学目标远离学生的兴趣和生活，学生就不会有积极性。当然，教学的过程也是不断地拓宽学习者兴趣的过程，但是这必须以学习者目前已有的兴趣为起点。因此，学习者的兴趣是教学目标的重要

[1] [美]拉夫尔·泰勒著，施良方译.课程与教学的基本原理[M].北京：人民教育出版社，1994：5.

[2] [美]拉夫尔·泰勒著，施良方译.课程与教学的基本原理[M].北京：人民教育出版社，1994：6.

来源之一。这也是教学过程中教师要了解学情的重要原因。

（二）当代社会生活的需要

教育的一个重要功能就是服务社会，途径就是通过培养与社会发展相适应的人，基本逻辑是按着社会需要培养人。这形成了学校的培养目标、学科的课程目标和教学的教学目标体系。具体来说，一方面学校生活在社区里，本身就离不开社会，社会上的一切思想观点，都会对学校产生不同的影响，在一定程度上，学校所在社区的社会生活需要、学校所在地方的社会生活需要、学校所在国家的社会生活需要乃至整个人类的社会生活需要，构成了教育的社会需要，这种需要将成为教学目标构成的需要。

另一方面教学活动必须为人的发展服务，也就是说，教育是通过人的社会化来实现教育的社会功能的。从促进人的社会化发展角度来讲，学校教学活动离不开当代社会生活。社会是一个有机的整体，学校是这个有机整体中的一个组成部分，这个组成部分的存在与发展离不开整个社会有机整体的存在与发展。学校满足整个社会生活即当代社会生活需要的职能，是通过促进学习者的身心发展而得以实现的，也就是说，学校是通过促进学习者的身心发展，获得身心发展的学习者进入社会生活，在社会生活中发挥作用，通过这一过程，学校就发挥了其满足社会生活需要的职能。为了使学校发挥其为当代社会生活服务的职能，就有必要将当代社会生活的需要转化成学校教学的目标，使学习者达到这些目标。

这样，了解社会生活需要就成为教育工作者的必修课，因为教育者要培养社会需要的人，就必须了解社会。那么，如何了解和研究当代社会生活需要呢？泰勒曾经在为确定学校教学目标而研究社会生活需要时，将社会生活划分为以下七个方面，并做了积极的研究：一是健康；二是家庭；三是娱乐；四是职业；五是宗教；六是消费；七是公民。美国弗吉尼亚州课程研究会做了一个更详细的社会生活划分：一是生命的保护与维持；二是自然资源；三是物品与劳务的生产及生产赢利的分配；四是物品与劳务的消费；五是物品与人员的沟通与运输；六是娱乐；七是审美冲动的表现；八是宗教冲动的表现；九是教育；十是自由的范围；十一是个体的整合；十二是探索。这两种关于社会生活的划分不一定都适合我们，但是他们提供的思路是值得我们借鉴的。其基本方法是：通过调查分析，了解社会生活的需要，从社会生活的需要中推导出教学目标，由此组织教学，实现学校教育的社会化功能。

(三) 学科发展的需要

学校的功能除了培养人才、服务社会以外，一个重要的功能就是传递文明。在相当长的时间里，人类的文明是以综合的方式存在的，随着社会的发展，知识量的增加，工业革命以来人类越来越向着分科化的方向发展，分科化不仅使科学研究的方向更加集中，也使人类文明的传承更加便捷。

学科作为知识的最重要的组织方式，在个人和人类社会中所起的作用是巨大的。正是由于人类社会知识的积累和知识的传播使人类认识世界和改造世界的水平不断提高，使人类社会得以不断进步，也使人类个体的认识能力迅速地得以提高。个体接受了人类积累起来的知识，就等于在个体身上凝聚了社会力量，从而使个体在较短的时间内就达到较高的身心发展水平。如果没有知识的积累与知识的传递，那么人类社会的发展与进步将是极其缓慢的。考虑学科发展需要来制定教学目标的含义有两个方面，一是以学科知识传递与发展和完善作为教学目标确定的一个依据，由此不断发展、完善学科体系；二是以学科专家的建议作为教学目标的基本来源之一，这些学科专家往往是根据学科发展的需要来提出教学目标的。

基于学科发展的角度提出教学目标，一直是我们很重视的，特别是专家对学科的建议在相当长的时间里一直是我们教学目标形成的重要依据。相对而言，对学生兴趣和社会发展需要对教学目标的影响考虑得比较少，这是值得注意的。

## 二、教学目标确定的一般程序

教学目标是一个不断思考的过程，泰勒曾提出教学目标设计的四个程序。

首先是根据学生、社会和学科这三个基本来源，提出尝试性的、一般性的教育目标；接着使用教育哲学和学习理论两个筛子，对已经提出的尝试性的、一般性的教育目标进行筛选，然后得出精确的、具体化的教育目标。

具体来说就是：

一是明确教育目的和培养目标。教育目的和培养目标相对于教学目标而言在整个教育目标的层次结构中处于较高位的概念，两者都是确定教学目标的重要依据，因此应该先予以明确。

二是提出一般性教学目标（尝试性教学目标）。根据教学目标的三个基本来源，即学生的需要和兴趣、当代社会生活的需要、学科的发展，提出尝试性的、一般性的教学目标。（首先是课程目标的提出；其次是单元目标的提出；再次是课时目标的提出。）一般说来，在这个步骤提出的教学目标的量较大，比较粗糙。

三是确定教学目标的形式，也称为教学目标的取向，即根据普遍性目标、行为目标、形成性目标和表现性目标这四种目标各自的优势和缺陷，确定哪些目标用行为目标的形式，哪些目标用形成性目标的形式，哪些目标采用表现性目标的形式。一般说来，这四种教学目标形式都应该在教学目标中占有一定的比重，三者之间相互补充。

四是精化教学目标，以教育哲学和学习理论等为依据，对第三个步骤得出的教学目标进行精选和加工。精选价值比较高的目标，去除价值比较低的目标，并对精选出来的教学目标进行加工，使之由粗糙的目标变为精细的目标。

## 三、教学目标的表述

1962年以研究行为目标著名的美国学者马杰在《程序教学目标的编写》这本书中提出，一个学习目标应该包括三个基本要素：

一是行为。强调做什么，说明学习者通过教学以后能够完成的具体行为，以便教师能观察学习者的行为，了解目标是否达到。例如，"学生能够指出句子中的名词和动词"；二是条件。强调在什么条件下做，说明上述行为在什么条件下产生。例如，"提供教科书上的一个句子"；三是标准。强调做到什么程度，指出合格行为的最低标准。例如，"至少有82%的正确性"。

马杰的"行为"、"条件"和"标准"的三要素模式至今仍为教育界所广泛应用。用传统的方法表述的教学目标，如"培养学生分析文章的能力"比较笼统含糊，对其中的含义，不同的人可能有不同的理解。这种提法不能为教学及其评价提供具体指导。而使用马杰的三要素模式编写的学习目标就很明确具体，清楚地告诉人们，学生将获得的能力具体是什么，如何观察和测量这种能力。例如，某个教学目标描述为"学生能将给定文章陈述事实与发表议论的句子进行分类，至少80%的句子分得正确"。在这个标准描述中，行为是对陈述句和议论句进行分类；条件是给定文章；标准是达到80%的正确率。按马杰的三要素在教学设计的实践中，有的教育研究者认为有必要在马杰的三要素的基础上，加上对教学对象的描述，这样，一个规范的学习目标就包括四个要素。为了便于记忆，他们把编写学习目标的基本要求简称为ABCD模式：A对象，即应写明教学对象；B行为，即应写明通过学习以后，学习者应能做什么；C条件，即应说明上述行为在什么条件下产生；D标准，即应规定评定上述行为是否合格的标准。

A对象，就是行为主体。行为目标表述的应该是学生的行为，因为行为主体是学生。教学目标的表述中应注明教学对象，例如，"小学五年级上学期的学生"、"参加在职培训的技术人员"等。有的学者还主张在教学目标中说明对象的基本特点。在实际的行为目标表述中，行为主体可以省略，但是从逻辑上去判断主体应该是学生。例如，"能够独立复述课文"这个目标的逻辑主语是学生。

要切忌使用"使学生"、"教会学生"、"培养学生"之类的表述，因为这类表述是以教师为主体的。可是在实际中，却有许多人习惯于使用以教师为行为主体的表述，即采用"使学生"、"教会学生"、"培养学生"之类的词汇，这是不妥当的。

B行为，一般用行为动词表达。行为目标要表述的是学生能够做出某种行为，用恰当的行为动词来表述的，如"复述"、"写出"、"辨别"、"绘制"动词的使用是行为目标的一个很重要的标志。更准确的描述使用一个动宾结构的短语，其中的行为动词说明学习的类型，宾语则说明学习的内容，例如，"操作"、"说出"、"比较"、"列举"、"给……下定义"等，在它们后面加上动作的对象，就构成了学习目标中关于行为的表述：

（能）操作摄像机；

（能）说出英语句子中各句子成分的名称；

（能）比较中西方文化的主要异同；

（能）列举选用教学方法时应考虑的基本因素；

（能）给社会学下定义。

要注意克服传统的方法在表述教学目标时的模糊表达。传统教学目标较多使用"知道"、"理解"、"掌握"、"欣赏"等动词或再加上表示程度的状语，如"深刻理解"、"充分掌握"等来表述，由于这些词语含义较广，往往造成理解上的差异，导致目标的表述不明确，给教学评价带来困难。这些词语一般用来表述总括性的课程目标和单元目标，但不宜在编写学习目标时使用。

C条件，就是行为条件。行为目标需要在表述中指明行为的条件，即影响行为表现的特定的限制、范围，也就是说明了在评价学习结果时，该在哪种情况下评价。如"根据地图"、"不靠帮助或参考书"等。对条件的表述包括四种主要类型：允许或不允许使用参考资料或辅助手段，是否提供信息或提示，时间的限制，完成行为的情境。具体条件包括以下因素：

环境因素（空间、光线、气温、室内外、噪音等）；

人的因素（单独完成、小组集体进行、个人在集体的环境中完成、在教师指导下进行等）；

设备因素（工具、设备、图纸、说明书、计算器等）；

信息因素（资料、教科书、笔记、图表、词典等）；

时间因素（速度、时间限制等）；

问题明确性的因素（提供什么刺激来引起行为的产生）。

D标准，就是表现程度。标准是指作为学习结果的行为的可接受的最低衡量依据。对行为标准做出具体描述，使得学习目标具有可测性的特点。标准一般从行为的速度、准确性和质量三方面来确定。例如：在一分钟以内准备好必需的消防器材（速度）；检查线路故障，排除故障正确率达（准确性）；加工件与标准样板的偏差值不超过英寸（质量）。

以下是典型的行为目标表述的例子：

例1："给学生一篇文章，学生在五分钟内不靠帮助或参考书，能够识别出它的风格"。在这个例子中，行为主体是"学生"，行为动词是"识别"，行为条件是"五分钟内不靠帮助或参考书"，表现程度是识别风格。

例2："给予20个要填写形容词的未完成的句子，学生能在15分钟内分别写出形容词以完成句子"。在这个例子中，行为主体是"学生"，行为动词是"写出"，行为条件是"在15分钟内"，表现程度是"20个"。

例3："提供10个有关海湾战争原因的是非判断题，大学一年级学生应能判断正误，其中9道题正确为合格。"在这个例子中，主体是"大一学生"，行为是"判断"，条件是"在10道题中"，程度或标准是"9道正确"。

例4："历史系二年级的学生阅读所布置的7篇材料后，能撰文对两种古代文化的差异进行比较，至少列举5种古代文化的特征。"这个例子中主体是"大二学生"，行为是"进行比较"，条件是"7篇材料"，标准是"5种以上的古代文化特征"。

# 第五章 有效教学的学习者分析

教学设计的的目的是为了有效地促进学习者的学习，可见，学习者既是教学设计的目的所在，同时也是教学设计的出发点。因此，教学设计的一个重要环节就是对教学过程中学习者的分析。学习者的分析主要的有学习者的认知发展特征、学习者的学习需要与学习动机、学习者的学习风格与学习方式等方面的分析。

## 第一节　学习者的起点能力分析

有效教学设计目的之一就是为了突出学习者的主体地位，调动和发挥学习者学习的积极性和主动性，有效地指导学习者获得学习上的成功。从教学角度而言，只有以学习者原来具有的认知结构为基础，精心设计教学活动，指导学习者重建自己的认知结构，才能使教学获得成功。所以，要实现教学设计的有效性，就必须重视对学习者的起点分析。

学生学习能力起点，也是学生开始真正的学习准备。所谓学习准备是指"学习者在从事新的学习时,它的原有知识水平和原有心理发展的适应性"[1]。强调的是整体能力水平，而不是单一的能力水平。学习可分为认知的、运动技能的和态度的学习，学习准备也可这样划分。起点能力一般是指学习者对从事学科的学习已具备的有关知识、技能的基础，以及对有关学习内容的认识与态度。对教师而言，叫作教学的起点。

---

[1] 张祖忻等编著.教学设计——基本原理与方法[M].上海：上海外语教育出版社，1994：106.

学习者的起点能力的分析与学习内容的分析密切相关。如果忽视对学习者起点能力的分析，学习内容的确定就会脱离学习者的实际。如将学习者的起点定得太高，脱离学习者的实际水平，就会降低教学效果，使学习者在高难度的学习内容面前望而却步；如将学习者的起点定得太低，也脱离学习者的实际水平，会造成时间和精力的浪费，使学习者在低水平的内容上做无效的劳动，降低学习者的学习兴趣。所以，比较准确地确定学习者的起点能力，可在一定程度上提高教学效率，促进学生的发展。

## 一、学习者知识起点分析

奥苏伯尔认为，当学习者把教学内容与自己的认知结构联系起来时，意义学习便发生了。所以，影响课堂教学中意义接受学习的最重要的因素是学习者的认知结构。认知结构是指"学生现有知识的数量、清晰度和组织方式，它是由学生眼下能回想出的事实、概念、命题、理论等构成的"[1]。因此，要促进新知识的学习，就要增强学习者认知结构与新知识的有关联系。其前提是要先了解学习者的原有认知结构的状态，在此基础上，通过教学加强新旧知识的联系，这样才能把新知识纳入学习者原来具有的认知结构中。不关注学生知识起点的教学很难成为有效教学。

### 案例5-1[2]　小学一年级学习"a、o、e"的课堂片段

教师在课堂上刚出示教材上的图画时，许多学生口中就发出"a—a—"的声音，教师很严肃地立即把图片藏在身后，组织教学，等大家安静后又拿出图片，下面仍有"a—a—"的声音。

师：图上画的是什么？

生：a。

---

[1] 施良方著.学习论[M].北京：人民教育出版社，2003：235.

[2] 于永正.个性化备课经验（语文卷）[M].北京：教育科学出版社，2007.

师：老师问的是图上画的是什么？

生：医生在给小孩看病。

师：医生在给我们看嗓子时，让我们发什么音？

生（无序地回答）：a—a—

师：图下的这个字母就读……（还没等老师说完，学生又读开了）

师：看看谁的嘴巴最严，听老师读。（范读a后，学生齐读）

以下学习"o、e"的情况类似。

在这个教学案例中，尽管教师精心创设了导入情境，但是整个教学效果还是呈现出低效的状态。根本原因是教师没有把握学生的知识起点，对学生现有的知识、经验知之甚少，整个设计还是把学生当成一张"白纸"，特别不能容忍的是当学生都说出了"a"的读音时，教师却急于回避，让学生"懂装不懂"，只注重了教师的教，而忽视了学生的学，是"心中有书、目中无人"的典范。表面上看，课堂上是学生不听话，是教师没有灵活控制好课堂，可仔细分析，根本原因是教师备课时忽视了对教学对象的已有知识基础的分析，所设定的教学起点只是教材的逻辑起点而非学生的现实学习起点。在教学过程中发现学生对教学内容有所掌握又不能及时调整，不仅教学效果不好，同时也影响了学生学习的积极性。如果教师能够掌握学生的知识基础，又能很好地利用学生愿意表现的特点，教学效果定会比上述案例要好很多。

由此可见，要正确把握学生的知识起点，至少要关注以下几个方面：

1. 重新认识学生

在信息技术快速发展的今天，学生的学习渠道越来越宽了，他们在学习新知之前，头脑已经不是一个"空白"，已经有了相当丰富的生活经验和实践积累。所以，教师要掌握这个内容，并根据这个内容设计我们的教学。一方面，不能在教学开始之前将学习者看作一无所知，将学习者的知识起点定得太低，不仅会造成时间和精力的浪费，使学习者在低水平的内容上做无效的劳动，更重要的是，这种教学长此以往，就会降低学习者的学习兴趣，扼杀学生的学习愿望。另一方面也不能将学习者的起点定得太高，因为这也脱离学习者的实际水平，同样会降低教学效果，使学习者在高难度的学习内容面前望而却步。

2. 整合教材的"逻辑起点"和学生的"现实起点"

教材的"逻辑起点"，是学科体系的阶段起点。教学中研究教材的逻辑起点对教师把握学科知识体系、建立学科之间的联系有着巨大意义，所以，教师应该投入精力研究教材的逻辑起点。只有把握了"逻辑起点"，教学中才能大胆取舍，灵活施教。反之，则很难创造性地搞好教学。学生的"现实起点"，是学生个体对相关学科知识的掌握的基础程度，这与学生的生活环境、家庭教养、个性特长相联系，找到学生的现实起点，在一定意义上就找到了学生发展的起点。所以把教材的"逻辑起点"与学生的"现实起点"结合起来，可能是有效教学设计的重要突破口。

在教学实践中，许多教师都在尝试把这两者结合起来。例如，学生在学习"百以内不进位加法"时，如果还按教材安排的起点去设计教学计划，学生就会"吃不饱"，因为许多学生在正式学习之前，都能正确算出答案，一些学生还能把算理清楚地表达出来。有的教师，在学习"元、角、分"之前，全面调查全班同学，结果发现，大多数学生不仅认识"元、角、分"，还会使用和换算。了解到全班大部分学生都有自己花钱买过东西的经历，也知道"1元＝10角，1角＝10分"。在这种情况下如果把教学的起点放在"元、角、分"的认识上，显然低估了学生的起点知识能力，于是，就把教学的起点放在"元、角、分"的换算上，以小组合作形式进行互助学习，用换币、买东西、拍卖等游戏学习有关"元、角、分"的知识，用已有的知识解决实际问题，使认识基础不同的学生都有所提高，同时增强了学生的学习兴趣。

## 二、学习者技能起点的分析

加涅和布里格斯等人提出的"技能先决条件"的分析方法，是对学习者技能起点能力进行分析判断的常用方法。这种方法是从终点能力着手，逐步分析达到终点能力所需要的从属知识和技能，一层一层分析下去，直到能够判断从属技能确实被学习者所掌握。教学设计者可通过学习者能否完成这些最简单的技能，来判断学习者技能起点能力水平。也可通过测试，了解学习者的掌握程度，并据此确定学习者的技能起点水平和教学的起点。

以教学目标是"辨认一段文章中的动词和名词"为例，经过层层分析，其从属技能及其相互关系已基本明确。假如通过分析，了解到学习者已学会辨别"词"和"句子"，那么学习可从动词和名词的辨别开始，据此确定教学的起点。

认识字母；辨别词；将句子归类；辨别动词、名词（能力起点）；把句子中动词、名词归类；辨认一段话中的动词、名词（教学目标）。

在传统设计教学时，教师往往关注教材内容，对学生能不能接受关注得较少。表现在，一方面由于整体上对学生能力起点的忽视，学生遇到听不懂的问题，教师往往埋怨学生的接受能力差；另一方面，在接受能力上，教师往往和接受能力强的同学互动，使接受能力较好的孩子很快就掌握了，而接受能力稍慢一点的孩子却还懵懵懂懂，一节课被老师和学习好的同学拖着走，使整体教学效果受到影响。

### 案例5-2　"认识角"苏教版数学二年级（下册）第七单元[1]

**第一环节：感悟角。**

……教具等导入。

**第二环节：教师抽象出角，并认识各部分的名称。**

……学生摸角、感受。

师：角上这尖尖的一点，就是角的顶点。再用手摸摸三角尺上角的这里（边），有什么感觉？

---

[1]　陈旭远、贺成立.有效备课[M].长春：东北师范大学出版社，2008：64.

生：滑滑的。

生：平平的。

师：这滑滑的、平平的、画出来的直直的线就是角的边。

师：角有几个顶点？几条边？

生：角有一个顶点和两条边。

师：现在你们认识角了吧？下面图形各有几个角？请用手指表示。

**第三环节：做角，初步感悟角的大小……学生动手做角。**

师：老师也做了一个角，想请小朋友把它变大些，谁愿意？

（学生演示）

师：你也能把角变大吗？会把角变小吗？怎么变？

生：能。（学生动手操作）

生：我把两根小棒往里一推，角就变小了，往外一拉，角就变大了。

师：刚才我们将角变大变小，那你知道角的大小跟什么有关呢？

（学生不能清楚地表达）

师：角的大小与两条边开的大小有关。（出示例3的4个钟面）

师：小朋友，你能看出哪个角最大，哪个角最小吗？（大小很明显）

生：第一个最大，第三个最小。

师：剩下的这两个角大小不明显，你能比出它们的大小吗？

（学生先思考、讨论，然后交流，学生不能说出）

师：萝卜姐姐倒是有个很好的方法能帮助我们比较出角的大小，先把活动角拉成与左边钟面上的角一样大，再把它放在右边钟面上，就可以看出右边钟面上的角比较大。小朋友，现在你会比较角的大小了吗？

学生动手操作，但仍不能很好地掌握比较角的大小的方法——

针对小学生的思维特点及低、中、高年级学生的不同抽象概括水平，教材编排既应当较多地体现直观形象性，如多使用图片、实物等呈现内容，语言描述也要生动形象等，同时，还应当体现出教学内容抽象概括水平渐次提高的特点。

在这个案例中，学生们的问题是，不能清楚地表达角的大小和什么有关，不会比较角的大小。表面上看是学生的接受能力偏低，但仔细分析学生无法进行抽象概括的现象，恰恰是这个年龄段学生思维的主要特点。从有效教学的意义看，是教师没有认识到学生认识能力的基本特点，导致教学效果不佳。在课堂教学中，教师应该充分认识学生认识问题能力的起点，强化具体感知，然后抽象，先让学生仔细地观察几个角，找出角的共同特征，并用自己的语言进行描述，建立清晰的角的表象，帮助学生完成从具体到抽象的思维过程。

在比较角的大小时，学生还没有掌握比较角的大小的方法，直接去比较两个大小不明显的钟面上的角，学生就无从下手。虽然教师通过"萝卜姐姐"的话教给了学生比较的方法。由于这一方法不是学生自己探索出来的，大部分学生仍不能很好掌握这一方法。比较好的方法是在学生做角过程中指导学生比较角的大小，让学生明白：大小明显的角，可以直接看出哪个角大；大小不明显的角，可以用重叠的方法进行比较。要注意的是，这个过程应引导学生自己探索，而不是教师直接告诉学生。

关注学生能力起点要注意的是：

1. 强调"会学"

有效教学的主体是学生，学生的终身发展是有效教学的根本目标，所以，"学会"不是发展的根本目标。教学中，指导学生自学，引导学生研读课本，理解概念或出示与例题相仿的尝试题，寻求解法，培养学生发现新知识的习惯和自学能力，是教学中应该努力的方向。在这个过程中，依据学生的心理及思维的发展规律，设计富有思考性和趣味性的问题，引导学生积极思考、讨论，从中提出问题、得出结论、掌握方法，远比教师直接告诉答案更有意义。

2. 尊重"差异"

虽然学生整体心理发展是趋于一致的，但是学生的个体能力和个性发展是有差别的，有的思维敏捷，动作迅速，有的则相反。针对不同能力水平的学生，教师的课堂教学设计就要尊重这种差别，分层设计教学问题和教学方案，使不同能力层次的学生都有收获。可以考虑设计类似这样的数学题："停车场停放2辆大客车的场地可以停放5辆小客车。已知一场地可停16辆大客车，问可停放多少辆小客车？"要求学生从多角度思维，尽可能运用多种方法解答，强调用一种或几种方法解答。学生在解答中出现如下几种解法：

$16 \div 2 \times 5 = 40$（辆）（归一法）

$16 \div (2 \div 5) = 40$（辆）（倍比法）

比例解：可设停x辆小客车，根据题意得：$2：5=16：x$    $x=40$

这样一题多解的教学，启发学生求异，既可以弥补各层次学生练习的时间差，又开阔了学生的解题思路，培养学生的辩证思维，使各类学生在各自基础上获得进一步的提高，培养了良好的数学情感，品尝到了成功的喜悦。

3. 设计操作情境

要让学生真正享受到教学创新思维的欢乐，体会教学应用的价值，就要想办法创设操作情境。因为只有在操作的过程中学生的感性认识才能被激活，学生的参与意识、学习兴趣、学习潜能才能被调动。所以，有经验的教师在教学过程中都会尽量创设条件，让学生在拼一拼、摆一摆、画一画、量一量的实验操作中探索知识，发现规律，实现有效教学的目标。生活中我们经常看到一些没有读过多少书的人仍然有很强的实际工作能力，原因是他们更多地参加了相关的实践操作，所以真正的有效教学一定孕育在教学设计的操作情境中。

### 三、学习者态度起点的分析

什么是态度？我国著名教育心理学家邵瑞珍认为，态度往往表现为趋向与回避、喜爱与厌恶、接受与排斥等。态度是特定情况下以特定方式反应的内部准备状态。态度并不决定特定的行为，态度在不同程度上决定个人的一定类型的行为。所以态度是"习得的、影响个人对特定对象做出行为选择的有组织的内部准备状态或反应的倾向性"[1]。

在一定程度上，态度是学生学习的动力。学生有了良好的学习态度，真正的有效学习才有可能实现，我们经常讲要端正学习态度，就是这个意思。但是实际上，我们的日常教学中，真正用在关心学生学习态度上的时间和精力实在是太少了。所以，我们的教学经常是低效的、甚至是无效的。因此，有效教学在很大程度上是改善学生的学习态度。

要改善学生的学习态度，首先要了解学生的态度起点。怎样了解学生的态度？教师们用的方法可能有所不同，谈话、观察都可以，但也显得不够规范，这些年以来，我们对学生态度的了解和研究是不够的。陈旭远老师在《有效备课》中推荐了一种较好办法，即"态度量表"。下面是一份关于生物学习的态度量表。教师通过这个过程进一步了解学生的相关学习态度的情况，以便采取更有效的措施。

图5—1 态度量表[2]

| A | B | C | D | E |
|---|---|---|---|---|
| 非常同意 | 同意 | 无法确定 | 反对 | 极其反对 |
| 1. 我对生物非常有兴趣 | | | | |
| 2. 我不喜欢生物，因为我害怕接触它 | | | | |
| 3. 在生物课上我总是非常紧张 | | | | |
| 4. 生物是令人惊奇有趣的 | | | | |
| 5. 学习生物使我感到安全，但它非常刺激 | | | | |
| 6. 生物使我感到不舒服、不安、愤怒而不耐烦 | | | | |
| 7. 一般情况下我对生物有好感 | | | | |
| 8. 当我听到生物这个词时感到讨厌 | | | | |
| 9. 我带着犹豫的感情接触生物 | | | | |
| 10. 我非常喜欢生物 | | | | |
| 11. 我在学校里一直喜欢生物 | | | | |
| 12. 即使想到生物也使我感到紧张 | | | | |
| 13. 我在生物课上感到很平静，我非常喜欢 | | | | |
| 14. 我对生物有一定的积极反应，它很可爱 | | | | |

学生们对态度量表的回答，使我们大致了解了学生们的学习态度，但这还不够，了解的目的是为了改善学生的学习态度，从而提高教学的有效性。一般说

---

[1] 邵瑞珍.教育心理学[M].上海：上海教育出版社，1997：181.

[2] 徐英俊.教学设计[M].北京：教育科学出版社，2001：107.

来，态度是由认知成分、情感成分、行为倾向成分构成的。而情感成分被认为是态度的核心部分。要改善学生的学习态度也要从这三个方面考虑。

1. 内容挖掘，改善认知

认知之所以成为态度的首要因素，是因为无论什么样的事情，在我们还没有认识它的时候，它对我们来说都不可能产生任何有意义的态度，教学工作更是如此。强调挖掘教学内容，就是要把教学内容中最核心、最重要、最本质的部分用学生最明了的方式呈现出来，并与我们生活保持相应的联系。学生真正了解的教学内容，知道了学的是什么，与我们的生活有怎样的联系，才能有学习的愿望，才能有学习态度的改善。教师如果自己都不是很清楚，或分不清楚所讲的内容与生活和学生的联系，这种教学一定是低效或无效的。

2. 意义挖掘，改善情感

情感是态度中最核心最重要的内容，这是因为情感不仅是认知的基础，也是行为的动力。情感的改善不仅源于对知识内容的了解，更重要的是对知识意义的理解。前者考虑的是"是什么"，后者强调的是"为什么"，所以，教学中"意义"的挖掘就成为学生情感改善的关键。学生只有知道了学的"是什么"，又知道"为什么"，才会有真正的学习动力，才会有情感的改善。从兴趣上我们经常讲要培养学生的学习兴趣，兴趣有两种，一是直接兴趣，它关注事物表层，从学生的角度表现为"好看""好玩""有意思"，二是间接兴趣，它关注的是事物的目的和意义，从学生的角度表现为"有前途""有发展""有意义"等。所以，利用课堂教学资源，充分挖掘教育内容的意义，是改善学习情感、提供学习动力、实现有效教学的基本保障。

3. 学法引领，改善行为

一般来说，行为是态度的表象，它与情感和认知相伴，但是又有它的独立性。这种独立性表现在，行为的改善虽然与认知和情感相关联，但是行为的改善并不一定与情感的认知同步。在教学过程中更是这样，我们经常看到有的学生学习很努力，但形式上的学习行为改善并没有带来学习效果的改变，因为有效的学习行为的改善不是学生自己完成的，教师要在这个过程中起到自己的作用。强调学习方法的引导，实际上是关注学生学习行为改善的质量，只有认知、情感伴着方法的指导，学生学习行为的改善才可能是真正的有效。

# 第二节  学习者的一般认知发展特点

认知发展是指学习者一般认知能力和认知功能的形成及其方式，随年龄和经验增长而发生变化的过程，它涉及人在知觉、记忆、思维、语言等种种功能中的发展变化。认知发展是影响学习者学习活动的一个极其重要的因素，教学设计的一个重要方面是要分析学习者的认知发展特征。

## 一、皮亚杰的认知发展阶段理论

学习者的起点能力是教学的起点，对教学将产生直接的影响。学习者的一般特点将对教学产生间接的影响。在儿童认知发展方面的研究中，瑞士心理学家皮亚杰的认知发展阶段理论在国际上具有极为广泛而深远的影响，对教学设计具有重要的指导意义。皮亚杰经过多年的观察研究，将儿童认知发展划分为四个阶段：感知运动阶段（0-2岁）；前运算阶段（2-7岁）；具体运算阶段（7-11岁）；形式运算阶段（11-15岁）。在这四个阶段中，后三个阶段与学校教育的关系较为密切，应该成为我们研究的重点。

第一阶段：感觉运动阶段（0-2岁）

新生儿期，通过与周围环境的感觉运动来认识这个世界。儿童仅靠感觉和知觉动作的手段来适应外部环境，这个阶段是婴幼儿感知和运动协调发展的阶段。

第二阶段：前运算阶段（2-7岁）

这个阶段相当于学龄前和学龄之初，"前运算"阶段比感觉运动阶段有很大的变化。儿童的动作内化有了重要意义，常看到这个时期的孩子有意无意地重复别人的活动；形象符号开始形成，这个时期的孩子经常坐着板凳当汽车，骑着竹竿当战马，语言符号在发展。遇到问题时能够运用思维，但思维方式往往是不合逻辑的。总的看这个阶段儿童的思维主要有如下特征：一是知觉性，这个阶段的儿童在面对问题时，往往只凭知觉所及，集中注意于事物的单一维度或层面，忽略事物的其他维度或层面，不能守恒。思维还不同程度受具体直觉表象的影响。二是不可逆性，是指这个时期儿童思维的单向性和不可改变性。而逆性是指思考问题时可以从正面去思考，也可以从反面去思考；可以从原因去看结果，同时也可以从结果去分析原因。三是自我中心，即指处于这个阶段的儿童在面对问题情境时，大都站在自己经验之上，以自己的经验为参考，思维缺少一般性，也不会考虑别人的不同看法，表现为自我中心。处于前运算阶段的儿童，还不能够客观地看待世界，而只能主观地看世界。

处于前运算阶段的儿童已经掌握了口头语言，头脑中已经有了事物的表象，并且能够用词语来代表头脑中的表象，也能够进行初级的抽象，理解和使用一些从具体经验中学得的概念及其间的关系。

第三阶段：具体运算阶段（7-11岁）

这个阶段的儿童相当于小学五年级以前。这时儿童的思维有了质的变化，不像前运算阶段，单凭知觉表象考虑问题，能够进行逻辑推理或逻辑转换。但他们进行推理或转换的对象还只是具体的材料或客体，而不是抽象的命题。同时这种转换和推理需要实际经验作为支柱，需要借助具体形象的支持，才能解决问题。同时，处于具体运算阶段的儿童基本上克服了思维中的自我中心主义。这个阶段的儿童具有了心理操作能力，可以用这种心理操作能力去认识、表征和反映内部世界和外部世界，其认知活动具有一定的深刻性、灵活性和广泛性，能够在心里自如地转换物体的空间排列方式，能找到物体之间的某种一一对应的关系。但是，这个阶段儿童的思维的抽象性程度还不高，在很大程度上还局限于具体的事物与过去的经验，在面对某些数学问题、物理问题以及社会问题时，还显得无能为力。在语言方面，处于具体运算阶段的儿童已经能够通过下定义的方式获得概念，但是在获得和使用这类概念时，仍需要实际经验或具体形象的支持。

第四阶段：形式运算阶段（11—15岁）

形式运算阶段的儿童相当于初中的学生。随着认知发展从具体向抽象过渡，日趋成熟的儿童逐渐摆脱了具体经验的支持，开始理解并使用相互关联的抽象概念。这个阶段的儿童已经完全具备进行以下思维的能力：一是进行抽象思维，即能够运用语言、文字等符号进行思维，摆脱了具体经验的限制；二是进行假设—演绎思维，即不仅能够在逻辑上考虑现实的情境，而且可以根据概念、假设为前提进行假设演绎推理得出结论。因此，形式运算也称假设演绎运算；三是进行系统思维，即在解决问题时，能够在心理上控制若干变量，同时还能够考虑到其他几个变量。在形式运算阶段，儿童的认知趋于成熟，因而逐渐摆脱了具体实际经验的支持，能够理解并使用相互关系的抽象概念，儿童的思维的抽象性水平得到了很大的提高。

皮亚杰的儿童认知发展阶段学说对教学设计具有重要意义。皮亚杰所揭示的认知发展的阶段性是普遍存在的，强调儿童的认知发展是一个积极主动的建构过程，教育要按照儿童的认知结构来组织教材，调整教法。在中小学的教学活动中，有必要时时考虑儿童所达到的认知发展水平，并采取适合于儿童的认知发展水平的教学策略。在儿童认知发展变化中，最主要的变化是从具体认知向抽象认知的过渡，在这四个阶段中，"具体运算"到"形式运算"的变化是巨大的，与此相对应的教学设计的完善和选择也是十分重要的。

皮亚杰把这四个阶段概括为三个特点：一是儿童心理发展的阶段先后次序是固定不变的，不能跨越也不能颠倒，所有的儿童都遵循这样的发展顺序，具有普遍性，但发展阶段出现的年龄可因儿童的社会环境、文化教育的差别而加速或推迟；二是在儿童发展的每一个阶段中，都具有独特的认知结构，这些相对稳定的认知结构决定儿童行为的一般特征。儿童发展到某一阶段就能从事水平相同的各种性质的活动；三是认知结构的发展是一个连续构造的过程，每一个阶段都是前一阶段的延伸，是在新水平上对前一阶段进行改组而形成的新系统。

## 二、戴尔的"经验之塔"

1969年戴尔建立了"经验之塔"。"经验之塔"说明，就认知学习来说，小学低年级的学生应该通过直接的经验学习，从感知入手。而高年级学生则通过词语符号来学习知识。不论对哪一年龄阶段的学习者来说，当学习新的任务时，这时又缺乏直接经验做基础，那么，设计一个由具体到抽象的教学内容顺序，都能获得良好的教学效果。戴尔是按照各种教学媒体与方法提供的学习经验的具体程度将媒体作了分类。戴尔的经验之塔（图5—2），结合了皮亚杰的认知发展阶段理论，把教学方法、教学内容、教学媒体和学生的认知特点很好地联系起来，为教学设计理论提供了可资参考的借鉴。

图5-2　戴尔的经验之塔

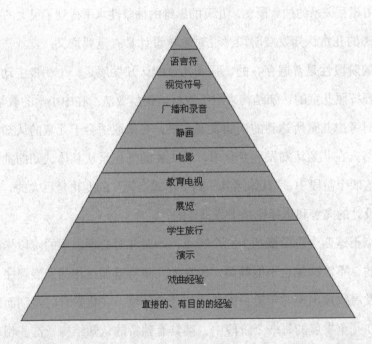

在实际教学中，这个"经验之塔"在整体上提供了与学生思维发展相联系的由低到高的发展过程相适应的教学方法、手段和媒体；对不同群体也有重要的指导价值，只要对学习者进行粗略的了解和分析，就会形成对教学方法、教学媒体

选择的指导意见。对于阅读能力较差的学习者，可以考虑使用视听资料；城市和农村的文化背景不同，可选择不同实例，适应不同的学习者；新学习的课题的学习准备程度不同，特别是相关直接经验不同，可以在教学内容呈现过程前，使用录像等手段，给学习者提供共同的经验基础，由此实现教学效益的最大化。

## 第三节 学习者的学习需要与学习动机

### 一、学习需要分析

（一）学习需要分析的含义

1. 学习需要的含义

什么是学习需要？需要通常指实际状况与理想常模中的标准之间的差距，亦即指"实际是什么"与"应该是什么"之间的差距。我们期望学习者达到目标所指向的某种身心发展状况，而目前他们还处于某种较低的身心发展状况，此两者之间的差距即学生的学习需要。

换言之，学习需要是指学习者学习成绩的现状与教学目标或标准之间的差距，是指学习者目前水平与期望学习者达到的水平之间的差距。期望主要是指社会发展对学习者提出来的要求，学校和班级对学习者提出的要求，以及学习者对自身的要求等方面。对于学校教育来说，这种期望具体体现在课程标准中。而目前状况是指学习者群体或个体在知识、技能、能力、态度等方面的不足，同时也指出了要解决的问题，规定了教学任务和目标。例如，某小学希望自己的学生90%以85分以上的成绩通过英语统考测验，而实际上只有75%的学生达到了85分以上。这样就有15%的学生还没有达到要求。这种差距就是学习需要。再如，某小学一名语文教师，希望通过一年的作文教学使自己所教的学生作文成绩获得"优"的占40%，"良"的占60%，同时消灭不及格。而测试结果表明，"优"的占35%，"良"的占52%，同时有13%的学生作文不及格。这样就分别找到了5%、8%、13%

的差距。这一差距就是学习需要，同时，该教师也明确了今后作文教学的目标。

2. 学习需要的分类

学者伯顿和梅里尔把与教育有关的需要分为以下六类：

第一，标准的需要

标准的需要是指个体或集体在某方面的现状与既定一般要求或标准之间的差距。既定标准包括国家各种类型的标准测试。例如，计算机和英语的等级考试、会考和高考等。也包括国家认可的各种各类教学大纲、课程标准等。当一个对象的行为低于所建立的标准，那么标准需要就产生了。接下来就是如何确定标准需要的问题，一是获取标准，如教学大纲、课程标准、考试要求等；二是收集对象与标准相比较的资料和数据，也就是找到问题和差距；三是比较后确定标准需要，找到办法。

第二，比较的需要

比较的需要是同类个体或集体通过相互比较而显示出来的差距。例如，甲校看到与自己相似的乙校建立了语言实验室，就感到自己也需要建立一个语言实验室。那么怎样确定比较的需要呢？一是确定比较的领域，是比较学习成绩，还是比较环境设施？还是师资水平？还是学生素质？二是收集对象和比较对象在比较领域的资料和数据；三是确定两者之间的差距和需要的重要程度，以便确定是否满足这种需要。

第三，感到的需要

感到的需要是个人认为的需要，是个体必须改进自己的行为或某个对象行为的需要和渴望，它表达了一种现在行为或技能水平与所渴望的行为或技能水平之间的差距。例如，部分学生认为学习公共关系学是他们的需要。又如，部分学生认为信息时代，自己感觉到掌握基本的计算机技能的需要。这时，教学设计者还要明确与改进行为有关的需要和由于某种渴望而激发的需要之间的区别。可以通过面谈和问卷等形式，以获取信息资料和数据。然后分析这种需要的重要性，以决定是否满足这种需要。

第四，表达的需要

表达的需要可以看成是个人或集体认识到有需要，为满足这种需要而表达出来的"需要"。例如,学生有学习计算机基本技能的渴望,他报名选修了相应的课程,这表达了要学习这门课程的需要。同样，确定表达的需要，也要收集资料和数据，可采取面谈、问卷、填写登记表、座谈等方法。从这些资料和学习者的行为表现中捕捉各种反馈信息，以确定表达的需要，并对是否满足这种"需要"做出价值判断。

第五，预期的需要

预期的需要是指将来的可能的需要。一般来说，教学设计者通常考虑的是现实的需要，但实际上对学习者将来的需要的考察是教学设计的重要组成部分。有效教学的"有效"是面对学生将来的。例如，一个学校的校长要在学校中改革现行的教学方法，他的预期需要是使全体教师适应将来合作学习教学改革。再如，给普通高中的学生开设一些实用技能型课程，使他们毕业后适应就业的需要等。对预期需要进行分析不仅要看对象，也要看倡导者对未来趋势和方向的把握，实际上是对预期需要的价值把握。

第六，紧急事故的需要

紧急性事故的需要是一种很少发生、但一旦发生却可能引起重大后果的需要。例如，核事故、医疗事故、自然灾害等。例如，计算机主机出了故障怎么办？通讯系统出了问题，怎样传达信息？这种需要在教学中也经常出现，在特种行业的职工培训中更是经常出现。例如，在化工企业，必须增加诸如处理起火、爆炸、药品溢出等紧急事故的培训内容。教学设计中要能够根据教学内容和学校特点，考虑到这种需要。

（二）学习需要分析的目的和意义

1.学习需要分析的目的

学习需要的分析是一个系统的调查研究过程，其主要目的有以下几个方面：

一是发现学习者学习中面临的问题，这种问题集中表现为学习者的学习现状与期望值之间存在的差距。二是分析学习者所面临的问题产生的原因所在，进而为在教学设计中解决该问题提供前提条件。三是分析问题的重要性，并确定教学设计需要优先解决的问题。四是分析现有的教学资源及制约因素，从而论证解决该问题、达到目标的可能性。五是寻求解决学习者学习中所存在的问题的合适的方法。

实际上，学习需要分析的核心是确定学习者学习中存在的问题，是实现教学设计优化的前提，通过学习需要的分析发现问题，使教学目标、教学内容、教学策略更加合理，充分有效利用教学资源，提高教学质量，实现有效的教学设计。

2. 学习需要分析的意义

一是有利于处理好手段与目的的关系。在相当长的时间里，我们教学设计理论关注的往往是教学方法、教学手段、教学媒体的改善，随着认识的提高人们更加关注的是教学手段与教学目标的关联，只有手段与目标有了好的结合，手段才有意义。这与教育理论发展极其相似，50年代后期，教育研究的重点是"如何教"，关注媒体与方法的研究；60年代后期，教育研究的重点是"教什么"，关注教学目标的研究；70年代后期，教育研究的重点是"为何教"，关注的是学习需要的研究。

在教学设计研究中，教学媒体和教学方法选择本身不是目的，它们仅是实现特定的教学目标的手段。所以，分析学习需要，使我们更加重视教学目标的确定和教学目标的实现。如果教学目标的确定脱离教学实际需要，那么为实现教学目标而选择的教学手段就没有什么意义。有效的教学设计，不是如何改进方法、形式、媒体，而是促进符合学习需要的教学目标实现。只有客观地、实事求是地分析学习需要，确定教学目标，并为此采取有效的教学策略，才能实现有效教学设计的目标。

二是有利于解决教学中的主要问题。考夫曼认为，能否发现教学过程中存在的实际问题，弄清楚产生问题的原因，并选择最佳的解决方法，是保证教学工作成败的关键所在，分析学习需要正是搞好这项工作的有效工具。

　　教学中的主要问题是学生"学"的问题，学的起点、学的内容、学的过程、学的方法、学的效果，都源于学习需要的分析。只要深入教学实际，研究学生学习需要，就可以了解所存在的教学问题，并找到不同的解决问题的办法。例如，有些学生的学习成绩低于课程标准要求，有的班级人数太多，现有课程内容需要修订或补充以反映该学科领域中新的成就，需要开设新的课程，学生有偏科现象等，都可以在学习需要中发现，也可以在教学设计中找到解决的办法。在调查学习需要中，发现学习者的学习现状与教学目标之间存在差距，这仅仅是分析学习需要的一个方面。另一方面，还要分析产生这种差距的原因。因为不同性质的教学问题，只有通过不同的方法才能解决。出现教学问题的原因往往是复杂的、多方面的。因此，还要透过现象看本质，找出产生问题的主要原因。

　　总之，教学设计者在分析学习需要时，要考虑的问题主要有以下几个：学习者是否达到教学目标的要求？教师所采用的教学策略有效吗？所使用的传送信息的方法奏效吗？教学能否使学习获得成功？学习内容的难易程度如何？学习者起点的分析正确吗？

　　（三）学习需要分析中需注意的问题

　　在进行学习需要分析时，应特别注意以下几个方面的问题：

　　第一，主体性。学习需要是学习者的需要，即学习者的现状与对学习者的期望之间存在的差距，而不是教师的需要，更不是对教学过程、手段的具体需要。例如，"在教学中需要运用多媒体技术"的需要，并不是学习需要，而只是达到某些目标的手段。

　　第二，真实性。学习需要的分析数据必须真实、可靠，客观地反映学习者和有关人员的情况，包括现在的状况和将来应该达到的状况，不能仅凭主观想象或感觉来认识学习需要方面的问题。

　　第三，综合性。要注意协调参加学习需要分析的所有合作者，包括学习者、教师、社会人士等方面的合作者的价值观念，以取得尽可能接近真实的看法。

第四，结果性。要以学习行为结果来描述差距，而不是通过过程或手段来描述差距，也要避免用方法或手段找问题，避免在确定问题之前就急于寻找解决问题的方案。需要明确的是，在学习需要分析阶段，重要的是确定问题，而不是寻找解决问题的方法或手段。

第五，过程性。学习需要分析并不是一次性完成的，它是一个不断的、渐进的、生成性的过程，应该在实践中经常地对学习需要进行检验和评估，并随时修订有关的资料，取得更好的学习需要分析结果。

## 二、学习动机

（一）学习动机与学习活动

学习动机是直接推动学生进行学习的一种内部动力，是激励和指引学生进行学习的一种需要。在影响学生学习的诸多因素中，学习动机是主要的因素。所以要研究有效的教学设计，就不能不研究学习动机与学习活动的关系。

1. 学习动机推动学习活动

学习动机是推动学习者进行学习活动的内在动力，它对个体的学习活动有着极为重要的影响，决定着个体学习活动的自觉性、积极性、倾向性和选择性。适当强化学习动机水平对学习者的学习活动影响重大，所以，有经验的、教学效果好的教师都会在教学设计中考虑根据教学内容和学生特点，设计对学生学习动机强化的内容。

2. 学习活动强化学习动机

学习动机与学习活动之间的关系是双向的。一方面，动机能够推动学习活动；另一方面，学习活动反过来又可以增强学习的动机。许多优秀教师都会根据学生的实际情况，强化教学的有效性，让学生在学习中感受到学习"成功"的喜悦，从而不但强化学习者的学习动力。

正像美国教育心理学家奥苏伯尔认为的那样："对于那些学习动机不强的学习者来说，最好的办法就是通过有效的教学，使他们尝到学习的甜头，而这有可能产生学习的动机。"但是需要注意的是，某些特定的学习可以在基本上没有动机的情况下发生，但是，要进行长期的学习活动，较高的学习动机水平是必要的，因为长期的学习需要学习者不断努力，不断集中注意，不断提高耐受挫折的能力，而这需要以提高学习动机水平为前提。

3. 适度的学习动机强度

我们说学习动机是学习活动的动力，并不意味着学习动机越强越好。心理学研究表明，学习动机过弱或过强，都会对学习活动产生消极作用。学习动机过弱时，常常会导致注意力不集中、精神涣散、不愿努力等精神状态；而学习动机过强，则会导致过分紧张、情绪焦虑等情绪，也不利于学习活动的开展。所以，一般而言以中等强度学习动机为宜。

(二) 学习动机的来源[1]

研究表明，人类学习动机的来源主要有以下四个方面。

1. 好奇心

好奇心是由于新奇的、复杂的或者不谐调的刺激唤起的。好奇心可以刺激学习者尝试用新的方式获取正在探求的东西，或者利用新程序理解正在学习的材料。因此，如果我们能够真正理解并拓展儿童与生俱来的好奇心，那么就可以在教学设计中好好地利用这一动机来源。当然，好奇心对教学的作用并不是无限的，随着学习者年龄的增长，好奇心出现的机会也会减少。因此，不能把好奇心作为激发学习动机的主要来源甚至唯一来源。

2. 成就感

成就感是个体期望达成、完成、通过行动控制某事件或制作某东西的一种倾向。它对人的活动具有鞭策的作用。所以，建立个人目标、提高自我意识、增强对自己行为负责的意愿，将在一定程度上提高成就动机。

3. 自我效能感

自我效能感是指个体对自己是否有能力为完成某一行为所进行的推测与判

[1] 谢利民.教学设计[M].北京：中央广播电视大学出版社，2004：45.

断。这种理论认为，即便人的行为没有对自己产生强化，但由于人对行为结果所能带来的功效产生期望，可能会主动地进行那一活动。在学习情境中，这意味着对某种学习技能有较强效能预期的学习者将倾向于坚持运用那种技能，即使遇到困难或挫折。如果坚持运用那种技能并最终成功了，那么在学习情境中使用那种策略的效能预期就会增强。学习者一旦在某一事件中获得成功，那么该个体会希望继续保持成功，这就形成效能预期。此外，自我效能预期还可以通过其他途径形成，诸如人类榜样的观察，言语说服，情感唤起等。

4. 意志努力

学习动机本身通常表现为促使学习者使用意志努力，或者使学习者产生运用意志努力的愿望。在某种意义上说，意志努力是一个注意力分配的问题，较难的学习任务尤其需要意志努力。当学习者以适度的动机去做自己感觉到有难度的任务时，往往能完成这类任务。当具有适当的成就动机和自我效能感时，学习所需要的意志努力就能够较快地出现。有了意志努力这种动机，注意力就能够集中于学习任务中较难的那一部分。

(三) 学习动机的激发

凯勒将学习动机的各种来源整合成一个通用型动机模型，即 ARCS 模型。A 代表注意力，R 代表针对性，C 代表自信心，S 代表满足感。那么，如何激发学习者的学习动机呢？根据上述的 ARCS 模型，要激发学习者的学习动机就需要注意以下四个条件，这是教学设计需要考虑的。

1. 引起并维持注意力

引起学生的注意是教师在教学活动中始终应该做的重要事情之一，引不起学生的有效注意，有效教学就无从谈起，那么，怎样引起并保持注意？

一是变化材料的呈现方式。当教学以口头语言方式进行时，可以通过改变语言节奏；当教学是以书面形式来传递知识时，可以采取字体等各种格式方面的变化；当教学中用可视屏幕投射图表时，投射的画面持续时间可以短些，变化可以频繁些；在一个录音故事中可以出现不同解说员的声音等。

二是用具体形象的事例说明。一般原理的教学往往是抽象的，这就需要通过使用具体形象的事物来说明概念。所以，教学中生动的故事、形象的描述、恰当的比喻都是激发动机的好办法。

三是制造悬念。利用各种方法把教学材料中的问题矛盾化、悬念化，由此引起注意；还可以在教学设计中，利用教材中适当的内容设计一个出乎寻常的笑话；还可以让不同学习者说出自己不同的观点引发讨论，由此引发注意。

2．强化针对性

针对性主要是指学习者所学的内容对他们自己具有重要的个人意义和价值，而且这种意义和价值是学习者自己能够感受到的。提出这个条件的主要目的在于培养学习者的良好态度。让学习者感受到学习内容的针对性的最简单、最直接的办法是让他们知道学习的预期结果。那么怎样增强针对性呢？

一是保持新旧知识的联系。确保学习内容与学习者已有的知识经验联系起来，降低所呈现的新学习内容的生疏程度。使学习者旧有知识和现在学习的内容相联系，保持学习的一致性和连续性，就是我们常讲的"复习旧知，讲授新知"，教学设计者要对学生的已有的知识经验有深刻的了解。

二是说明知识的价值。向学习者说明正在学习的知识、技能和态度等的现有价值，让学习者了解这一点，便于将学习的内容与学习者的爱好、兴趣联系起来。激发学习者的学习兴趣，提高学习动机水平。

三是说明知识的潜在价值。在学习的过程中逐步使学习者了解所学习的东西的潜在价值对将来的意义，激发儿童对未来生活或活动的目标憧憬，再引导学习者把学习知识、技能与他们未来的目标联系起来。通过未来的目标激发学习者的学习动机。

3．建立自信心

自信心即学习者相信自己在学习中将获得成功，它有助于成就动机和自我效能预期的增强。有较强自信心的人往往能达成目标，而不管他们的能力水平如何。自信心是学习者在许多学习情境中经历了成功的体验之后才逐渐形成的，自信心一经形成，就会在以后的整个学校学习期间，成为宝贵的财富。建立自信心的技术主要包括以下几个方面：

一是目标清楚。清楚明确地向学习者阐明学习目标，凡事预则立不预则废，学习者一般都希望知道学习目标，并希望预先知道学习结束后要掌握什么。随着学习过程的进行和学习目标的达成，学习者就积累着成功的经验，这种成功的经验就成为学习动机的一个重要来源。同时，由于成功经验的作用，会向学习者提供关于学习结果的信息，这会形成一种心理定势，这种定势会在整个学习过程中发挥作用，由此激发学习者的学习动机。

二是循序渐进。课堂教学是个循序渐进的过程，学习过程也是这样，这样的学习会使学习者感到学习内容是容易学的。学习内容安排合理，教学设计合适，使得各项学习任务能够循序渐进地排列起来，而且这些任务都能保证准确地得到执行，这无疑将增强学习者的自信心。在掌握了"同分母分数加法运算"的基础上，再让学习者进而学习"异分母分数加法运算"，学习往往会进展顺利，学习者的自信心会得到提高。

三是自我调控。允许学习者不断提高自我控制学习进程，并进行自我评价。在一定程度上给学习者自主学习、自我评价权限，一方面是教师对学生的信任，同时也将增强学习者自信心。我们现在强调的自主学习、合作学习，在很大程度上都是体现这种意识，也是有效教学设计的根本所在。

4.激发满意感

满意感是伴随着强化过程而来的一种感觉，这一强化过程主要是为学习者提供有关行为正确性的反馈信息并根据学习结果来验证学习期望。就每一个个别学习行为而言，要达到满意感，就要通过提供反馈产生强化。而满意感一经形成，不仅能够增强学习者的自信心，维持学习者的注意力，而且能够发展成为一种自我管理能力。使学习者产生满意感的技术主要包括：

一是对学习者的学习业绩提供反馈。当学习者完成某一学习任务，达成某一学习目标时，就应该给他们提供适当的反馈，这种反馈就是对他们能力的肯定，由此产生学习的满意感，从而推动他们的进一步学习。值得注意的是，反馈应该是及时的、准确的、有效的、有针对性的，才能得到最佳效果。当然，反馈中对学习者出现的学习问题也要准确地指出来，并给他们指出一条能够得出正确答案的途径，形成满意感。

二是鼓励概括和迁移。当学习者掌握了一种技能之后，应该及时鼓励他们将这种技能加以概括并帮助他们迁移到类似的或新的情境中去，有助于他们形成满意愿望，并进而强化学习动机。有经验的教师常常鼓励已经学会了计算长方形面积的学生，尝试鼓励他们将此运算迁移到计算正方形的面积中去，就是这个道理。

## 第四节　学习者的学习风格与学习方式

### 一、学习风格

"学习风格"概念是 1954 年美国学者赛伦首先提出来的，这个概念一提出，就引起了西方心理学家和教育学家的广泛重视。教学设计理论关注学生的学习风格，也成为有效教学追求的重要内容。

（一）学习风格的概念

什么是学习风格？西方学者们各有不同的解释。例如，有人将学习风格解释为"学生学习新材料时习惯使用的学习策略与学习过程的独特结合"；有人将之解释为"在特殊且被认定的学习活动中，学生个人与课程、教材结构的交互作用过程中，可能偏好一种或多种教学策略的学习方法"；有人将之解释为学生在学习过程中"总是喜欢采用某些特殊的策略倾向"；有人将之定义为"学习者感知不同刺激、并对不同刺激做出反应这两个方面产生影响的所有心理特性"；有人将之定义为"学习者持续一贯的带有个性特征的学习方式,是学习策略和学习倾向的综合"[1]等。直到目前,关于学习风格,尚无公认的、大家一致同意的定义。

综合以上观点,我们对学习风格可以简单地定义为:学习风格是学习者带有个性特征的学习倾向与策略。每一个学习者在学习过程中都会表现出不同的学习倾向与策略,这种学习倾向与策略是与学习者的个性特征联系在一起的,它体现出个人的独特性和时间上的稳定性,在某种意义上说是个人的一种偏好,这就是学习风格。

事实上所有的学习都是"个体化"的。每一个学习者都必须由自己来感知信息,并对之做出反应、处理。由于学习者之间存在着身体、智力、个性上的差异,不同学习者获取信息的速度和对刺激的感知程度也不同。在教学实践中我们经常看到,对于同一个知识点,有的学习者可能需要 10 分钟,有的可能需要更多的时间才能掌握。所以,要实现真正意义的有效教学,就必须关注学习者的学习风格。

(二)学习风格的类型与教学设计

1. 场独立型与场依存型

美国心理学家威特金研究发现,有些人知觉是较少地受他所看到的环境信息的影响,较多地受来自内部的线索的影响;有的人则较多受到看到的环境影响。他把不受或很少受环境因素影响的人称为场独立型,而把受环境因素影响较大的人称为场依存型。

场独立型,是指个体根据自己所处的生活空间的内在参照去学习,从自己的感知出发去获得知识、信息,这种学习者在内在动机作用下学习,而不受或很少受外界环境因素的影响,习惯于单独学习、个人研究、独立思考。他们在与人的交往中,不易被个人感情所左右,也不易受群体压力的影响。他们一般都有很强的个人定向,自信心较强。他们似乎对数学与自然科学更感兴趣。在这类学习者的教学设计中,教师对教学内容本身的内在逻辑的掌握,对学习者本身思维理性

---

[1] 徐英俊. 教学设计 [M]. 北京:教育科学出版社,2003:10.

的把握往往是教学成功的关键。这种学习者善于学习理工学科内容，往往能明确提出自己的目标，能更好地进行分析，愿意独立学习，个人钻研，对所提供的学习材料能重新组织。

场依存型，是指个体依赖自己所处的周围环境的外在参照，在环境的刺激影响下去定义知识、信息。这种学习者比较容易受别人的暗示或教师鼓励，他们学习的努力程度往往受外来因素的影响。他们乐于在集体环境中学习，在集体中又比较顺从，与别人相处充满情谊。他们喜欢交往，似乎对人文学科和社会学科更感兴趣。在这类学习者的教学设计中，教学情境的设计，教学气氛的把握，人文精神的体现都增加好的教学效果预期。对社会学科材料的学习与记忆效果较好，较依赖于学习材料的预先组织，需要明确的指导和讲授。

2. 整体性策略与序列性策略

英国心理学家帕斯克的研究，提出了另一种分类，他发现了两种学习者学习风格，整体性策略与序列性策略。

采取整体性策略的学习者，倾向于使用比较复杂的假设，每个假设同时涉及若干个属性，即从全盘上考虑如何解决问题。在从事学习任务时，往往倾向于对整个问题将涉及到的各个子问题的层次结构以及自己将采取的方式进行预测，做到未雨绸缪，他们的视野一般比较宽，善于把一系列子问题组合起来，同时他们注重全面看问题，能从各个角度对问题进行观察和思考，并能在大范围中寻找与其他材料的联系。对这类学习者较好的教学设计思路是用目标教学法，直接把教学目标明确告诉学习者，通过研究性教学实现教学目标。

采取序列性策略的学生把精力集中在一步一步的论证上，他们提出的假设一般说来比较简单，每个假设只涉及一个属性，从一个假设到下一个假设是呈直线的方式展开的，重点放在解决一系列子问题上。他们在把这些子问题联系在一起时，十分注意其逻辑顺序。由于他们通常都按顺序一步一步地前进，所以，只有到学习过程快结束时，才对所学的内容形成一种比较完整的看法。对这些学习者来说，好的教学策略是把教学目标分解，分阶段落实。上个世纪 90 年代江苏桃园中学提出"堂堂清""日日清"的教学思路，就很适合这种学习者。

3. 沉思型与冲动型

通过对学习过程中个体进行信息加工、形成假设和解决问题方面的速度和准确性的差异，可以把学习风格概括为沉思型与冲动型。

沉思型的学习者在遇到问题时倾向于深思熟虑，通过充足的思考、权衡，从多种解决问题的方法中选择一个最佳方案，因而错误较少。沉思型的学习者往往还能更容易自发地或在外界要求下对自己的解答做出解释，特点是慢而准。

冲动型的学习者则倾向于很快地检验假设，反应速度较快，但容易发生错误。同时，冲动型的学习者很难对自己关于问题的解答做出解释，即使在外界要求下必须做出解释时，他们的回答也往往是不完全、不合逻辑的。

4. 内控型与外控型

控制点的研究是近年来人们关注的重点。所谓控制点，是指人们对影响自己的生活与命运的因素的看法。控制分为内部控制与外部控制，简称为内控与外控。

内部控制型的人相信自己所从事的活动及其结果是由自身具有的内部因素决定的，他们自己的能力和所做的努力能够控制事态的发展。一般来说，内部控制型的学习者往往具有较高的成就动机，在学习上，内部控制型的学习者往往会把学习上的成功归因于自身的能力和勤奋，因此，学习上的成功往往会带给他们更多的鼓励，并进一步提高他们的学习自信心，失败也往往成为对他们的需要付出更大努力的鞭策。这样，他们对待困难的学习任务常常会抱积极的态度，并常常会选择适合于自己能力的适度的学习任务。

而外部控制型的人则认为自己受命运、运气、机遇和他人的控制，是这些外部的、且难以预料的因素决定着自己的行为及其结果。在学习中，外部控制型的学习者的成就动机则较低。这些学习者往往会把学习的成功与失败归因于外因，因而他们往往会缺乏自信，在学习活动中表现出无能为力的态度，他们不能恰当地选择适合于自己的学习任务，也不能适时地调整自己的行为以适合于当时的学习任务。

5. 情感型与认知型

劳持斯将学习者的学习风格划分为情感Ⅰ和情感Ⅱ、认知Ⅰ和认知Ⅱ等四种类型。

情感Ⅰ型学习者，喜好在群体中进行学习，对他人的举动非常敏感，往往倾向于根据他人的情感进行学习上的决策，这类学习者对情境教学、合作学习都有较好的认可度。

情感Ⅱ型学习者，更关心生活的意义和目的，他们倾向于根据道德的美学的原则进行学习上的决策，对这类学习者，态度、情感、价值观的教育往往比其他人更能收到实效。

认知Ⅰ型学习风格的学习者喜好关心生活的实践层面，并往往倾向于根据精确的信息进行学习上的决策，对这类学习者教学中更要注意生活实践方面事物的介入，联系生活实际，并重视数理逻辑在教学中的运用。

认知Ⅱ型风格的学习者则喜欢用事实建构和理解有关的理论，这类学习者与前一类在关注实际方面有相近之处，但是更关注理论本身，在教学中的理论联系实际是非常重要的，同时理论阐述要有相当的功力，才能打动学生。

6. 格雷戈克的学习风格分类

1979年格雷戈克将学习者的学习风格分为具体—序列、具体—随机、抽象—序列和抽象—随机四种。

具体—序列型风格的学习者喜欢通过直接的动手经验学习，希望把学习经验组织得逻辑有序。采用学习手册，程序教学，演示和有指导的实验练习，对他们的学习效果最佳。

具体—随机风格的学习者能通过试误法，从探索经验中迅速得出结论。他们喜欢教学游戏、模拟，愿意独立承担设计项目。

抽象—序列型风格的学习者善于理解以逻辑序列呈现的词语和符号的信息，

从而喜欢通过阅读和听课的方式进行学习。

抽象—随机型风格的学习者善于从演讲中抓住要点，理解意思。此外，他们还能对演讲者的声调和演讲风格做出反应。对这类学习者来说，小组讨论、听穿插问答的讲授、看电影和电视的学习效果较好。

值得注意的是：第一，以上介绍的学习风格分类是从研究的角度做出的，实际生活中的学习风格，很少有以某种典型风格形式单独存在，大部分是介于两者或几者之间，所以要根据学习者的具体特点，实事求是地对待每一个学习者的学习风格，不要形而上学式地贴标签；第二，每个人都有自己独特的学习风格，学习风格对学习活动有重要的影响，但是，学习风格本身并无好坏优劣之分。对于教学设计者而言，了解学习者的学习风格，其主要目的在于找出不同的学习风格与有效教学设计之间的关系，以便为每个学习者提供适合于其学习风格特点的优质教学。第三，尽管在学习风格方面已开展了大量的研究，但迄今能真正用于指导教学设计实践的结论不多，研究的意义在于启发教学实践工作的思路，将理论研究成果用于教学实践中，还需要学者们，特别是教学一线的广大教师的努力。

## 二、学习方式

学习方式是指为使学生掌握课程内容、达到教育目标而规定的学生学习活动的类型、方法、途径的总和。任何学习活动都是以一定的方式进行的，学生的发展都是通过一定的学习活动实现的。学习活动方式在很大程度上决定教学是不是真正的有效。

在相当长的时间里人们对有效教学的朴素的追求，就是教师"如何有效地讲授"。老师首先是"讲师"，是"教书先生"，是文化知识的"传递者"。一个能够把知识讲清楚的老师，差不多就是一个好老师。为了能够把知识讲清楚，于是就有"教学重点"、"教学难点"等系列说法。当教师把关注的焦点定位在"如何有效地讲授"的时候，"接受学习"与"掌握学习"就成为普遍的学习方式。学生的使命是"上课认真听讲"、"不做小动作"。课堂教学中大量流行的话语往往是老师一系列善意的询问："听清楚了没有"、"听明白了没有"、"听懂了吗"，仿佛学习就是一件欣赏和练习"听"的艺术。

但是，为什么老师讲过多遍的东西学生就是记不住？为什么一再强调的地方学生依然反复出错？为什么学生存在大量问题却又提不出问题？等等。在教师教得"炉火纯青"前提下如何解读类似"鸭子听雷""屡教不改"低效学习的现象。于是，改变学习方式的命题提到了教育工作者和教师的面前。接受式的教学，机械训练，死记硬背，生吞活剥，简单重复的存盘式学习方式不但制约着人的发展，而且影响着我们对学生作为精神的存在的认识。

（一）体验学习

1. 体验学习的含义

体验学习是人最基本的学习形式，是指人在实践活动过程中，通过反复观察、实践、练习，对情感、行为、事物的内省体察，最终认识到某些可以言说或未必能够言说的知识，掌握某些技能，养成某些行为习惯，乃至形成某些情感、态度、观念的过程。体验学习的基础是在反复实践中的内省体察，是通过学习者不自觉或自觉的内省积累而把握自己的行为情感，认识外在世界。

2. 体验学习的意义

任何学习都是以体验为基础的，任何学习者的发展都是以体验为前提的。真正有效的学习正是用全部心智去感受、关注、欣赏，评价某一事件、人物、事实、思想，从而把一个陌生的外在的与己无关的对象变为熟悉的可以交流的甚至是融于心智的存在。体验不仅促进智力发展，也直接促进人的整体完善。在体验中实现相关认知的完善，也在这个完善中，通过关注学习内容与个人之间的关系，关注学习的参与度、学习的渴望度、学习的经验基础，经历积淀、酝酿、改造这一复杂体验过程，实现人的整体完善和发展。

自主学习意识的唤醒。现代教育理论认为学习得是否有效，不仅在于教师的教，更重要的是学习者是不是主动地学，以什么强度自主学。借助体验学生能直面知识，深入问题的腹地，以自己敏锐的洞察力和独特的视角发现细节，营造出一个真实的切身体验的问题情境，进而以问题为学习载体，通过问题的诱导之力启动体验学习过程。在这个过程中，"发现问题、识别问题、尝试错误，解决问题"。这一体验过程后，学习者不自觉地形成强烈而稳定的问题意识和自我激励、自我引导的习惯，并在自我监控和反思过程中逐渐发展成独立的思考者和学习者，强大的自我意识由此被唤醒。

有位教师曾有过一次"体验学习"尝试，对象是一个有抄袭行为的学生，任务是快速处理有关方程的章节练习，老师精选习题，学生先做，出现问题和教师讨论辨析，但不是简单地讨论对错，再找课本印证，用例题检验。不知不觉一个多小时的时间在学生做题中过去了，学生突然和老师说"老师这些题我真的懂了"。"老师为你高兴"，老师由衷地说。学生临走时又说一句话："老师，后面的自测题我今晚就做。"看来体验学习让他实现了自身的激励和超越。

合作学习的基础。列夫·托尔斯泰说过："思想是在与人的交往中产生的。"一个人的见识经验总是有限的，再怎么刻苦努力也难以摆脱孤陋寡闻的境地，在当今的社会合作是必要的。但是，这种理论上的必须，没有经验的体验，就像一个饥饿的孩子和饱食的孩子在看到食物的反应不同一样，是否历经体验直接影响合作的质量和效率。没有体验，便缺乏沟通的基础。

科学探究的前提。课堂教学的意义在于培养学生的科学探究素养，而科学探究比一般学习更具有挑战性，更考验学习者的意志力。学习过程中学生自主体验的活动的内容或直接或间接接触所要解决的问题，进而有效地调动学生探究的积极性，引导学习者将未尽的探究体验进行到底，使体验更深刻。从这种意义上讲，没有体验的探究是空乏的，没有探究的体验是肤浅的。"亲身体验是文化的终极指向，来了，看到了，感受着，然后就拥有了"。

3. 体验学习的教学设计 [1]

第一，让学生在活动中体验

皮亚杰认为，儿童学习的最根本途径应该是活动，活动是联系主客体的桥梁，

[1] 叶爱梅.注重体验学习，培养自主发展.中国论文下载中心，2012.

是认识发展的直接源泉。教师要放手让学生动手、动脑、动口，利用多种感官的协调活动，体验知识的形成过程。例如，在推导三角形面积公式的学习中，教师引导学生分三个层次动手实验、观察、发现、推导。

先请同学们拿出准备好的两个完全相同的直角三角形，让他们自己动手拼图，然后汇报各自拼出的图形是什么形状，引导思考这些图形与两个直角三角形之间有何内在联系。

再让学生用两个完全相同的锐角三角形拼成一个平行四边形，在操作活动中思考：拼成的平行四边形的底、高与锐角三角形的底、高有什么关系？锐角三角形的面积与拼成的平行四边形的面积有什么关系？

最后要求学生用两个完全相同的钝角三角形拼成一个平行四边形，并同样思考上面的两个问题。

这三个层次的动手拼图、动眼观察、动脑思维、动口表述公式推导的过程，使学生体验并参与公式推导过程，并在操作活动中体验了学习数学的乐趣。

第二，让学生在合作交流中体验

合作与交流对学生的学习乃至对以后适应社会生活都是非常重要的。在小学数学教学中，教师要给学生提供更多的机会去发展自己的思想，去倾听别人的想法，让学生表现自我，交换思考所得，品尝独立思考的乐趣，体验交流的情感，增强合作的意识和能力。

例如：在学习"三角形面积公式推导"时，教师组织学生分小组学习，让他们用手中两个完全相同的三角形去拼、摆，探索三角形公式，使学生在交流合作中体验到了学习的快乐。

第三，让学生在探究中体验

苏霍姆林斯基说过："在人的心灵深处，都有一种根深蒂固的需要，这就是希望自己是一个发现者、研究者和探究者，而在儿童的精神世界中，这种需要特别强烈。"有经验的教师都有体会，课堂上通过学生自己探究的知识体系，学生掌握得特别牢。教师应注意改变学生消极被动的状态，引导学生主动参与探索知识的体验中。

例如，教授"能被3整除的数的特征"时，可采用如下的方法进行：

首先出示两个数1230、1210，问学生：它们能否被2、5整除？为什么？能否被3整除？发现不行者进一步发问：是否也可以根据一个数的末位数判断出该数能否被3整除呢？

其次，逐步出示问题，让同学们探索：

(1) 把 1－30 各自然数分三行排列，让学生画出能被 3 整除的数，再观察思考画出的各数的特征。

(2)用 3 根小木棒在数位表上摆数，能摆出几个三位数？这些数能被 3 整除吗？再用 6 根、9 根木棒摆三位数，摆出的数能被 3 整除吗？所摆的数都有什么共同特点？用 4 根、5 根木棒摆呢？

通过对比、归纳，总结出："能被3整除的数的特点是各数位上的数字之和能被3整除。"

第四，让学生在"问题解决"中体验

小学数学问题专家顾汝佐先生在论《寓心理素质教育于教学之中》时提到，锻炼学生的意志，发展学生的能力，要在教学中设计一定数量的问题解决的题材让学生求解。也就是所提供的题目，学生在其认知结构中找不到现存的模式可以仿照，需要自己去寻求解决的途径。我们可以这样认为，在课堂教学中注重了"问题解决"，也就是重视了学生体验学习的过程。

例如，教授"圆的面积"，揭示课题后，师问：看着这一课题，你想提什么问题？学生提出：什么叫圆的面积？圆的面积公式是怎样推导出来的？怎样求圆的面积？……这时教师要引导学生带着这些问题进入猜想、转化、探索、推导、悟理、求解等学习过程，使问题得以解决。这种设计的最大不同，就是学生直接体验参与了"圆的面积"的学习过程。

（二）研究性学习

研究性学习，是国际上倡导的学习方式，也是我国基础教育改革要求的学习方式。那么什么是研究性学习？它与传统学习方式相比有什么特殊的意义？与研究性学习相适应的教学设计有什么具体要求？

1. 研究性学习的含义

所谓研究性学习就是以类似科学研究的过程、方法和形式进行的学习。这样一种学习与传统的学习方式有着极大的不同，也产生着不同的教育影响。诺贝尔奖获得者朱棣文曾撰文认为，在美国的许多大学中国的学生都很优秀，他们学习刻苦，生活简朴，书本知识很好，但是动手能力较差。这些方面美国的学生表现得很突出，所以能够做出成绩。根源是学习方式。我们的学习方式，是传授式的，学习内容和目标是既定的，而美国的学生则更多的是以兴趣为引导，以社会需要为导向，以学科为基础，对于社会需要的、自己感兴趣的问题，在老师的领导下，把需要变成问题，开始查资料，搞调查，当个人的力量不够时，合作就是最好的选择。

2. 研究性学习的意义

有利于发展学生的主体性。研究性学习的目标指向的是社会问题，动力是学生的兴趣，基础是学科知识，在整个研究性学习中，学生是在高度自觉、自制、自为的情况下实现自己既定的目标，有利于学生自主性的发展。

有助于学生研究能力提高。学生的研究性学习是与以往的学习不同的学习，其特点是以科学研究的方法来研究问题，使学习带有了科学研究色彩，促进了学生知识结构的完善、科学精神培养。

有助于学生合作能力的提高。在科学的大道上是没有平坦的道路好走的，除了要有坚强的意志、完善的知识结构，还要与许多人合作才能完成任务。在研究性学习中，学生之间的合作、学生与教师之间的合作、学生与其他人的合作成了研究性学习的必由之路，也成为学生走向社会与社会合作的基础。

有助于社会问题的解决。研究性学习是以解决社会问题为出发点，毫无疑问，这样的学习方式一定会促进社会问题的解决。加之强烈的个性兴趣与爱好，完善合理的知识结构，强有力的合作，严格的科学研究方式，都更有利于社会问题的解决。在这个解决问题的过程中，学生的社会责任感也从中建立起来。

3. 研究性学习的教学设计

第一，研究性学习的教学目标

研究性学习与一般性学习不同，所以，它的教学目标也不同，它除了遵守一般的教学目标要求外，还有自己的教学目标特点。这个特点有不同的指向，但总的特点可以概括为社会性。一般性学习的内容是既定的，如书本、教学大纲、一般性规范或考试要求等，研究性学习的内容直接来自社会问题，如"武汉特色小吃兴衰的原因""公共自行车免费租赁问题""酸雨问题"等。美国学生的研究性学习问题更大，如"中国的昨天和今天""美国篮球运动""提高人的创造力"等，这些问题直接来自社会的需要。同时，在这个过程中也体现了其他社会性目标价值的挖掘。首先，社会使命感的形成。问题是现实的，能不能、愿不愿意去研究，存在于人的社会使命，研究性学习成为强化社会使命的动因；其次，科学研究精神的发展。研究性学习是一个没有固定模式的学习，是一种创造性的学习，在一个未知的领域探索，是科学精神形成的摇篮；再次，个人兴趣与社会需要融合。研究性学习，是以个性为前提的，但是研究的对象则是社会内容，研究性学习的结果必然促进个性与社会的融合；最后，合作意识的强化。研究性学习把许多兴趣相同的人集合在同一个问题面前，使个性化的人在研究性学习中学会了合作。

第二，研究性学习的准备

在一般情况下，研究性学习在一定程度上遵循科学研究的程序。所以，研究性学习的准备也应符合科学研究的准备要求。

一是问题的准备。就是提供问题情境，明确研究的起点。比如"酸雨"的研究，就是从"树上的叶子为什么黄了，湖里的鱼为什么死了，校园里为什么会有莫名其妙的气味"这个现象情境提出来的；二是心理准备。要对研究的时间、难度、条件及其相关的知识有相应的准备，做到心中有数。当然，也要做好应付特殊困难的准备。三是把问题转化为课题。问题是研究的起点，但还不是研究的本身，还需要把它课题化，使之合乎科学研究的规范。

这个过程称为选题，选题的方式一般有两种：教师提供参考课题和学生自选课题。前者要充分考虑学生的内在条件和社会需要，后者则需要教师给以一定的指导。

第三，研究性学习的实施

一是制订研究计划。包括研究问题的分解（课题的分解），如"酸雨"中的问题，分解为"酸雨与环境""酸雨与健康""酸雨与经济"等，使研究课题细化为人员的分工，研究材料的准备，研究过程的安排，研究路径和方法的选择。二是收集材料。根据研究内容和路径的不同，通过不同方式，收集相关材料，调查相关问题，形成丰富的感性材料。三是对收集的感性材料进行理性分析，得出初步认识。四是提出假设或对假设证实或证伪。撰写报告或论文。

第四，研究性学习的总结与评价

在研究性学习的教学设计中，教学评价的设计特别要注意以下几点：一是把终结性评价与形成性评价结合起来，不仅要重视评价学习的结果，而且要重视评价学习的过程，要看到学生在研究性学习过程中的成长与发展；二是注重把学生自主评价与教师评价结合起来，教师评价只是学生研究性学习的一个方面的评价，学生的自主评价才是研究性学习评价的主体；三是在研究性学习评价标准上，要特别注意科学精神、科学探究能力、科学探究兴趣、社会责任感等方面的目标；四是在评价方式上，要尽量注重研究性学习的"生成性"评价，重视对学生随机遇到问题的随机处理能力的肯定，尽量采用个性化、符合学生个人的特点的评价方式，以促进学生的个性发展。

# 第六章 有效教学的内容与组织设计

所谓教学内容，是指为实现教学目标而要求学生系统学习的知识、技能和行为经验的总和。教学内容的组织作为教学设计中的一个重要环节，包括教学内容的选择和教学内容的组织两个方面，下面分别对这两个方面进行阐述。

## 第一节 教学内容的选择

### 一、教学内容选择的取向

以什么作为教学内容，在不同的教育体系中有不同的取向。从历史和当前的教育实践来看，比较典型的取向主要有以下几种：道德主义取向，百科全书取向，文化复演取向，形式训练取向，唯科学取向，经验取向，社会取向等。

道德取向。以道德教育方面的内容为主，对于其他的内容如科学技术、艺术等方面的内容则或者没有涉及，或者很少涉及。这种道德主义取向在中国古代是很典型的，中国古代的大多数时期，培养目标主要集中于道德方面，因此教学内容主要是围绕道德来选择的。例如，儒家教育思想就是以道德教育为主要内容的。

百科全书取向。以百科全书式的知识为取向，要使学生通过教学而掌握百科全书式的几乎涉及一切领域的知识。这种价值取向源于培根和夸美纽斯。培根曾宣称"其本分是汲取一切知识"。夸美纽斯受培根的影响，主张"把一切事物教给一切人"，开设百科全书式的"泛智主义"的课程。

文化复演取向。是文化复演派所主张的选择教学内容的一个取向。文化复演派是近代西方主张"文化复演论"的一个流派，以赫尔巴特尤其是其弟子席勒等人为代表。在古代，一些基督教神父认为，上帝带人类从犹太文化进入希腊文化，又进而至基督教文化，因此教学内容上的最好选择，就是重演这些阶段或时期的学科。随着生物学的发展和达尔文进化论的影响，人们认为，个体从简单的胚胎到成熟的成长，是重复物种进化的过程。这种生物复演论就成为由席勒等为代表的文化复演论的依据。他们的核心观点是：个体本身和个人知识的发展，无论在模式上还是排列上，都复演人类历史上知识发生的进程，每一代人为了使其时代的文化达到成熟，都要重复人类文化的各个历史时期。由此产生了影响教学内容选择的两种教学理论：一是教学的内容要根据人的能力的成熟程序加以安排，先是通过实物训练感知，在儿童的想象开始觉醒时，提供儿童类似诗和神话等的内容，然后安排记忆作业，最后安排需要推理的学科，完成教学内容的选择。二是按照各民族发展史上的社会—经济时期去安排教学内容，比如先研究游牧民族，再研究畜牧民族，然后研究农业文明，最后研究工业文明。20世纪初，这种观点在美国的课程建设中风靡一时，但是受到杜威的严厉批判。

形式训练取向。是形式教育论者所持的选择教学内容的取向。它以官能心理学为理论基础，认为人的心智可以划分为基于彼此独立的官能，每一种官能都能通过单独训练而获得发展。对于人的心智可以划分为哪些官能，不同的官能心理学家或形式训练者的主张各不相同，在成熟形式的官能心理学中，一般认为人的心智官能包括知、情、意等几个方面。形式教育论者认为，教育的根本任务在于训练人的心智官能，而不是获得实用的知识，学校教学内容的选择以心智的训练为根本宗旨。他们还认为，实用知识的传授远远不如心智官能的训练重要，人们的心智官能经训练而发展了，什么知识都可以吸收，在他们看来，官能训练比实用知识传授更具有永久的价值。所以，教学内容不应该选择那些实用的知识，而应该选择最适合于训练各种心智官能的知识。例如，拉丁文和希腊文可以训练人的记忆力，数学和哲学可以训练人的思维能力，所以长期以来西方常把这些知识列为主要的教学内容。

唯科学取向。在教学内容选择中，科学知识占有压倒一切的地位，而艺术、道德等方面的知识则相对来说没有受到重视。这种取向与近现代科学的发展与应用有关。近现代以来，西方科学技术得到了长足的发展，极大地改善了人的生存状况，并对人类的生活产生重大影响，这种状况影响到教育领域，使教学内容的选择出现了唯科学化取向。早在19世纪中叶，斯宾塞就主张教学内容应该主要是科学知识。他认为："对我们一开始所提出的问题，什么知识最有价值，一致的答案就是科学。这是从所有各方面得来的结论。为了直接保全自己或是维护生命和健康，重要的知识是科学。为了那个叫作谋生的间接保全自己，有最大价值的知识是科学。为了正当地完成父母的职责，正确指导的是科学。为了解释过去和现在的国家生活，使每个公民能合理地调节他的所必需的不可缺少的钥匙是科学。同样，为了各种艺术的完美创作和最高欣赏所需要的准备也是科学。而为了智慧、道德、宗教训练的目的，最有效的学习还是科学。开始似乎很麻烦的问题，经过我们的探讨，变得比较简单。我们用不着估量各种人类活动的重要程度和在各方面为我们做准备的不同学科，因为我们已看到，学习科学，从它的最广义看，是所有活动的最好准备……被认为是最有价值和最美的科学，就要统治一切。"[1]

经验取向。主张教学内容的选择，应该以儿童自己的经验为依据，而不是以学科知识为依据。主要代表是美国实用主义教育家杜威。杜威说：学校在教材上"迫切的问题是要在儿童当前的直接经验中寻找一些东西，它们是在以后的年代里发展成为比较详尽、专门而有组织的知识的根基"[2]。以儿童的直接经验作为选择教学内容的依据，符合儿童的需要和兴趣，能使教学内容变得生动、具体，而且能够在儿童的直接经验中综合各个领域的知识。杜威进一步主张，学校教学

---

[1] [英]赫·斯宾塞著，胡毅、王承绪译.斯宾塞教育论著选[M].北京：人民教育出版社，1997：91—93.

[2] [美]杜威著，赵祥麟、王承绪编译.杜威教育论著选[M].上海：华东师范大学出版社，1981：323.

的主要内容应该是各种不同形式的主动作业，如园艺、纺织、木工、金工、烹饪等手工训练活动，这就是杜威"从做中学"的基本原则。并设计了一套以主动作业活动为中心的课程，它的全部内容都由与各种作业活动相平行的理智活动所组成，包括历史或社会研究、自然科学、思想交流三方面。

社会取向。主张学校教学应该直接满足当前的社会生活需要。这种选择教学内容的取向，在古代和当代的教育实践中都大量存在。古代中国的学校教育是为培养政治统治人才服务的，因此学校的教学内容主要是"四书"、"五经"；古希腊的斯巴达，社会生活要求学校培养军人，因此学校的教学内容基本上是军事方面的内容；我国"文化大革命"期间，社会生活是以政治斗争为主的，因此学校教学内容中，有关政治斗争的内容占有很重要的地位。

## 二、教学内容的选择

### （一）教学内容选择的原则

现代课程论的奠基人之一泰勒曾经提出了教学内容选择的十条原则：一是学生必须具有使他有机会实践目标所蕴含的那种行为的经验；二是学习经验必须使学生由于实践目标所蕴含的那种行为而获得满足感；三是使学生具有积极投入的动机；四是使学生看到自己以往反应方式的不当之处，以便激励他去尝试新的反应方式；五是学生在尝试学习新的行为时，应该得到某种指导；六是学生应该有从事这种活动的足够的和适当的材料；七是学生应该有时间学习和实践这种行为，直到成为他全部技能中的一部分为止；八是学生应该有机会循序渐进地从事大量实践活动，而不只是简单重复；九是要为每个学生制订超出他原有水平但能达到的标准；十是使学生在没有教师的情况下也能继续学习，即要让学生掌握判断自己成绩的手段，从而能够知道自己做得如何。[1]

### （二）教学内容的选择

我们认为，教学内容的选择要注意的基本准则主要有以下几个方面：

---

[1] 谢利民.教学设计[M].北京：中国广播电视大学出版社，2004：94.

1. 基础性教学内容

中小学教育的一个基本任务是让学生掌握人类文化遗产中的精华，通过人文化遗产精华的传递，一方面使得人类文化得以延续，另一方面又使学生获得身心发展。人类文化遗产一般是以学科知识的形态存在和传递的。因此学校教学内容应该包含丰富的学科知识。强调教育内容的基础性原因是多方面的。一是知识的无限性和学校教育的有限性。当今人类知识已经浩如烟海，而且还在以极快的速度增长，要使在有限时间里学到的这部分有限知识发挥更大作用，就要选择基础性知识教育学生，因为只有这样的知识，才能成为学生进一步学习的基础。二是中小学教育的基础性。这个阶段是打基础的阶段，由于学生的认知发展水平较低，知识经验基础的不足，想让学生掌握高深的知识，是不现实的。只有选择基础性的知识作为这个阶段的教学的内容，才符合教育的实际，才能为进一步学习奠定基础。三是基础知识起作用的长期性。虽然"人生有涯知无涯"，但是基础教育的性质决定了基础教育的发展性，就是基础性的知识能在知识的更新过程中发挥更大的作用，具有更长久的价值。

当然，有效的基础性教学内容的选择，还需要好的教学形式的配合。把教与学很好地统一起来，一直是当代教育工作者关注的问题，也是有效教学实施的关键环节，一些学校和教师把教案与学案结合起来的做法是值得借鉴的。

### 案例6-1[1]  "讲学稿"

江苏溧水县东庐中学学生上课只有老师发的一张"讲学稿"。课前预习的是这一张纸，上课看的还是这一张纸，听课时需要记录的东西就在"讲学稿"的空白处补记，没有专门的课堂笔记本。师生共用"讲学稿"，老师的"教案"同时也是学生的"学案"。"讲学稿"以学生的自学为主线，按照学生学习的全程来设计，充分体现了课前、课中、课后的发展和联系，主要包括四大环节：课前

---

[1] 王海勤. 他们为新课程改革贡献了什么[N]. 中国教育报，2007（03）.

预习导学——课堂学习研讨——课内训练巩固——课后拓展延伸。"讲学稿"在课前就发给学生，让学生自学教材。实际上教材的大部分基础知识学生在课前就学会了，上课时老师按照"讲学稿"检查和点拨，以学定教。学生会了的老师就不再讲，不会的进行点拨，教的就是学的，学生不会的东西正是教师要点拨的东西。课后学生复习的还是这张纸，没有专门的课堂笔记本，也不买社会上泛滥的各种复习资料和练习册。过一段时间，学生把"讲学稿"装订起来，就是精选的复习资料，考前也不再专门出备考题。有些"讲学稿"中还有"中考题回顾"，在以往的中考中有这类的题。另外还补充一些相关的知识和资料，如初中语文《曹刿论战》的讲学稿，补充了文言文《小港渡者》让学生随堂练习，合理地开发了课程资源。在课堂上掌握好的学生课后不需要做作业，学生有更多的课余时间发展自己的爱好特长，个性得到张扬，素质教育落到了实处。

东庐中学将课堂教学内容的选择和教学方法的改革有效地结合起来，真正提高了课堂教学的有效性，真正实现了陶行知先生所说的："学生学的法子，就是先生教的法子。"在"讲学稿"中体现了教师们长期探索的教与学的统一。

2. 整合性知识内容

在传统教学中，教师更多关注的是以学科为载体的知识和技能，强调的是学科知识的完整和系统。教师备的是本学科的知识链、训练点，而对于本学科之外丰富多彩的课程资源就很少顾及或根本就不考虑。这样的教学看似尊重了学科知识体系，实际上影响了学生的全面发展。因为生活中的知识本身就是以整合的方式存在着，学科知识本身也是从生活中提炼出来的，离开了生活、离开了整合，学校的知识传递生活就成为无源之水。所以，新课程理论主张淡化学科界限，强调课程的整合。认为"整合教学的核心是把知识作为一个整体，从跨学科的角度实施教学"，"整合是新的科学观念和思维方式，它重视各学科知识、理论、方法间的互渗、互补、互促，以取代相互排斥、相互孤立、相互封闭的思维方式；整合是新的知识结成新的网络，帮助人们整体地了解世界，认识世界，把握世界……"

从另一个角度看，当代知识创新或知识增长的基本特征表现为：一方面知识的增长已经从分科式的增长转变为综合式的增长，以"爆炸性"增长的新知识大都来源于跨学科的研究，其学科边界越来越模糊。这就要求知识学习者从知识产生的过程中，突破传统的学科藩篱，拓展自己的专业基础，掌握跨学科的研究方法，学会与不同学科背景的人一同工作，掌握心得知识。另一方面新的知识创新和科学突破大都来自跨学科领域或专业整合的过程。所以，在教学中传递整合性的知识，就成为新课程改革提出的目标之一："改革过分强调学科独立性、课程门类过多、缺乏整合的偏向，加强课程结构的综合性、弹性与多样性。"核心要点就是要真正实现教学内容设计的有效性。

### 案例6-2　一堂学科相融的数学课[1]

这是一堂由数学教师李建平执教的小学数学课，课题是"年、月、日"。在这一节数学课的教学中，渗透了语文、自然、英语、思想品德、音乐等学科的内容，学科整合的理念在课堂教学中得到充分落实。

上课伊始，李老师首先利用自制课件在屏幕上映出一幅画面：月球绕着地球转，地球绕着太阳转。这幅天体动态画面吸引了学生好奇的目光，从他们的神情中可以看出渴求新知的欲望。教师不时地启发提问："地球绕太阳一周是多长时间？月球绕地球一周是多少天？地球自转一周是多少小时？"老师巧妙地通过有关天文学的自然学科知识引出了课题"年、月、日"。接着，教师开始讲授新课——有关年、月、日的教学知识。教学中，李老师先激发学生的兴趣，鼓励学生参与，学生在民主、和谐的课堂气氛中掌握了知识和技能。在短短的40分钟课堂教学中，学生还学会了 year（年）、month（月）、day（日）、hour（时）、minute（分）、second（秒）等英语单词，并学会运用了 "How many……"、"There are……" 等句型。因为这个班平时

---

[1]　思之. 标准答案，你好吗？ [J]. 湖南教育，2001(12).

就用双语教学，遇到关键性常用词语，教师的相应英语就脱口而出，学生随着跟读。这样，不仅激发了学生学习英语的兴趣，也丰富了学生的词汇量。此外，在教师讲解有关大小月和二月各有多少天时，屏幕上出现了一道练习题："每个月的天数一样吗？有哪几种不同的天数？用语文课《赵州桥》中所学句型'有的……有的……还有的……'把话说完整。"同学们踊跃举手，他们通过回答问题，不仅掌握了数学知识，也巩固了语文课所学的知识。

在授课即将结束时，李老师用深沉、抒情的语调说："快乐的时光是短暂的，40分钟转眼而过。其实，一日、一月、一年，也会很快流逝，失去的时光永不复回。通过今天的教学，我们应该更加珍惜时间，努力学习。最后，让我们静静地感受一下'日月如梭，时光流逝'的意境吧！"话音刚落，大厅里灯光渐暗，随着舒缓、悠扬的《儿时回忆》乐曲声，屏幕上又出现清晰、秀丽的大字——日月如梭，惜时如金。

下课铃声响了，同学们仍然静坐在大厅，仿佛沉浸在"时光流逝"的情境之中。毋庸置疑，此时此景，学生在潜移默化中受到了一次"惜时如金"的教育。

李老师不囿于数学课的学科中心，搭建了多学科的联系，形成整合效应，促进了学生生命发展的整体性生成。他以年、月、日这个数学课的知识为载体，巧妙通过数学、英语、语文等学科的渗透、互补、重现和师生间的交互活动，拓展了教学时空，优化了教学过程，构建课堂教学的新模式，促进了学生的发展，在整合中实现了教学的有效。

教学内容的整合无论在观念上还是在方法上都是一个系统工程，都需要用缜密的思维、认真的探索、积极的实践才能真正实现其目标。在观念上对课程整合这一概念，许多教师存在不少模糊的认识，这是值得重视的。[1]认为课程整合就是将原有的几门相近学科组合在一起，形成综合课程；课程整合在新课程中的表现就是设置了几门综合课程；课程整合是各种知识之间的拼凑与叠加；课程整合只

---

[1] 朱宁波、陈旭远.新课程核心概念诠解[M].北京：高等教育出版社，2005.

是学科间的整合。

在方法上要在保持学科性质的前提下进行课程整合，而不是放弃自身学科内容，相反是通过整合其他学科内容，促进本学科知识的实现。就像李老师的这堂数学课，虽然整合内容很多，但都是服务于数学课的教学。在具体方法上可以借鉴以下的方法[1]：

一是嵌入式。我国的课程政策鼓励教师开发课程，因此在编制课程时，预留了供教师创造的空间。基于这点，可以在所预留的空间中嵌入一些其他学科的内容，来补充完善课程。

二是延伸式。教师对学生感兴趣和有所研究的某些内容，运用其他学科的方式进行延伸。如教小学语文课文《船过三峡》时，与常识学科整合，让学生以三峡为题开展研究性学习，或研究三峡的地理与环境，或研究三峡的文化遗产，或研究三峡的风土人情，还可跟数学学科整合，用统计表的形式反映三峡的变化。

三是缝合式。在教学中，要更多关注课程之间的联系。缝合式整合学科，就是在学科的边缘处及其他学科的交叉处设立新的学习内容。例如，在音乐与语文课程之间开设"歌词欣赏"等内容，在数学与常识课程之间开设"现象与计算"等内容。这样做既有利于打破学科界线，满足综合学习的需要，又有利于开阔学生的视野，拓宽其思路。

四是重组式。打破学科结构乃至学科门类，根据学生发展的需要重新整合各种学科，建立新的学习内容形态和体系。例如，根据单元学习内容，重组一个单元主题"青蛙和蛇"，语文教师上阅读课，读懂这则故事；数学老师上统计课，学会设计统计表，用统计的方法统计出蛙跳成绩，分析所发现的信息……

3.生活性知识的教学内容

学校教学目标的一个重要来源是当代社会生活，所以学校教学内容不仅要体现学科知识的基础性，还要与社会生活联系在一起，为学校教学生活提供更大的

---

[1] 王义东.小学语文和其他学科整合的探索与研究.www.sz1c.cn.

舞台，满足学生为社会服务而学习的愿望，实现学校教学服务社会的功能，焕发学校的教学生命力。但是在教学实践中，由于种种原因，当下许多学校的教学内容过于强调体现学科知识体系，常常出现学校教学内容与社会生活脱离的现象，在一定程度上影响了学校的教学质量和学生有效的学习，这也常常成为课程改革的焦点问题。另外由于教材体系总是滞后于社会生活，所以教材内容在总体上是落后于生活的，所以学校教学内容要保持其鲜活性，就必须结合生活的元素来进行，这也是新课程要求的内容。教学内容要结合社会生活中的知识进行，至少要把握以下几点：

一是教学内容要满足社会生活需要。要能为学生提供服务社会的真实本领，要使学生学到的知识在社会能够用得上。当然要求学生在学校学到的知识都能够直接"在社会上派用场"，并不是一种狭隘的功利主义观念，而是希望我们的教学能够从社会需要的角度研究我们的教学内容，提高教学的有效性，因为就一般意义而言只有得到社会的认可，学校教育的有效性才算得到了承认。

二是满足学生发展的需要。学校除了服务社会、满足社会需要的功能外，一个重要的功能就是培育人才，而人才的形成最终是要通过学生的学习，转化为学生身心的全面发展。所谓学生需要的教学内容，是指学生的现有身心发展水平与教育目标所指向的发展水平的差距，也就是与教学目标所要达到的目标之间的差距。学生从现有身心发展水平进展到教学目标所指向的发展水平，需要掌握一定的知识，形成一定的技能和能力，养成一定的思想品德等，这就是学生的需要。教学内容的选择应该符合这种需要。这里要强调的是要考虑学生的实际，还要考虑学生的发展，核心是发展，是在学生发展的基础上考虑学生的实际接受能力，并在这个过程中不断提高学生发展的能力，而不仅仅是简单地适应学生。

三是教学内容要符合学生的兴趣。一般地说，不是所有需要的都是感兴趣的，但从教育的角度讲，我们选择的教学内容应该符合学生的兴趣。兴趣有直接兴趣和间接兴趣之分。直接兴趣指学生对教学内容本身感兴趣；间接兴趣指学生对教学内容本身并无兴趣，但是对学习和掌握教学内容后产生的结果感兴趣。就教学内容选择而言，直接兴趣和间接兴趣都应该考虑。在直接兴趣和学生间接兴趣结合中，更加重视间接兴趣的培养，因为这是指向学习的结果，会获得更大的学习动力。

4. 资源性教学内容

新课程强调要确立新的课程资源意识。认为课程是由教师、学生、文本及环境构筑的生态系统，并要求教师在教学过程中，充分利用无处不在的课程资源，把教学的视野由课本扩展到社会、自然、生活、网络、课外书等方面。整合校内课程资源中的实验室、图书室及各类教学设施和德育实践基地，校外课程资源中的图书馆、博物馆、工厂、部队、农村等广泛的自然资源和社会资源，信息化课程资源中的因特网、校园网等。让学生不仅与书本对话，还与大自然、社会、生活、网络等进行对话和交流。

资源不仅可以划分为条件性课程资源——如人、财、物、时、空等决定着课程的实施范围和水平的因素；素材性课程资源——知识、技能、经验、活动方式与方法、情感态度价值观、培养目标等能够成为课程的素材或来源等因素；还可分为自然性资源、社会资源及人文性资源。课程资源还存在于学校、社区、家庭等，巧妙、恰当地利用课程资源有利于学生充分发展。所以新课程要求教师成为课程资源的开发者、利用者。[1]

资源性教学内容，就是充分整合教学过程中的条件性资源、素材性资源，克服以教科书为单向传递的、灌输式的教学方式，形成新的、有效的教学方式。这种资源性的教学内容，一方面是对"物"的方面的挖掘，另一方面是对"人"的挖掘。

### 案例6-3 挖掘条件性资源，建设语文特色课程

田立君老师是齐齐哈尔市语文教师，她利用报刊、电视等多媒体作为课程资

[1] 熊生贵.新课程：生命课堂的诞生[M].成都：四川大学出版社，2003.

源，建设语文校本课程，建立语文学习的"快速反应"机制，尽最大可能让最新的信息，最新的教育理念、知识和最新的时事动态在第一时间进入课堂，并内化为学生的知识和能力，认识到只有课程"活"了，学生才能"活"起来，充分挖掘了这些课程资源的巨大价值，不仅活化了课本教学内容，这种资源性课程本身也对学生产生重大影响。具体做法是：

一是扩大报刊阅读。通过推荐国内优秀课外期刊阅读，组织名篇欣赏，养成剪报习惯等扩大学生阅读，培养阅读兴趣。

二是开展多媒体空间。收听新闻联播、观看焦点访谈、感悟实话实说、收看国际大专生辩论等都可以培养对社会生活的关注和深入思维的品质。

这样，教师的语文教学，就通过教学资源的活化，提高了学生的学习兴趣，提高了教学的有效性，同时这种教学过程本身也成为学生学习的内容，建立起语文教学与生活的联系。

除了条件性资源以外，对于教师而言，首先要有"活资源"意识。就是在教学过程中，教师不仅把学生看作"对象"、"主体"，还要看作教学"资源"的重要构成和生成者。学生进入教学的初始状态，是教学能否对学生发展起真实、有效作用的基础性资源，也是课堂上师生交互作用的起点。学生在课堂活动中的状态，包括他们的学习兴趣、积极性、注意力、学习方法与思维方式、合作能力与质量、发表的意见、建议、观点，提出的问题与争论乃至错误的回答等。无论是以言语还是以行为、情绪方式的表达，都是教学过程中的生成性资源。教学后学生呈现的变化状态，则是评价性资源和下一个教学流程的基础性资源。有了这种"活资源"的意识，教师才会在课前、课堂和课后把自己的心思不只是放在教材、教参和教案上，而是努力放在研究学生、倾听学生、发现学生上，才不会把学生在课堂中的活动、回答看作一种对教师施教的配合，而是看作对教学过程的积极参与和教学过程创造的不可缺少的重要组成部分，才会把学生当作课堂教学的共同的创造者。其次，教师在教学过程中的角色，不仅是知识的"呈现者"、对话的"提问者"、学习的"指导者"、学业的"评价者"、纪律的"管理者"，更重要的还是课堂教学过程中呈现出信息的"重组者"。[1]

## 案例6-4　一句话包蕴多少含义[2]

小学语文教材教学片段：

小学苏教版语文第三册练习四第七题《读读背背》一文中有一句伊索名言："存心要干凶恶残酷的坏事情，那是很容易找到借口的。"仅仅让学生读读背背，总觉得似乎少了些什么，于是我让学生联系本册课文中的《狼和小羊》来理解此话，开始了如下一段颇为精彩而又始料不及的教学过程：

"这句话讲的是《狼和小羊》中的谁？"

"这句话讲的是《狼和小羊》中的那只凶恶的狼。"

"这句话讲的是《狼和小羊》中的那只蛮横无理的狼。"

"这句话讲的是《狼和小羊》中的那只讲话没有道理的狼。"

看着那一只只高高举起的小手，我以微笑赞扬着小朋友们。

又说："这句话还可能针对谁讲？"

"这句话讲的可能是鳄鱼。"

"这句话讲的可能是毒蛇。"

同学们沉浸在童话世界中。"这句话讲的可能是流氓、强盗，还有杀人犯。"一名同学的发言将话题引到了现实生活世界。

听了这名学生的话，教室里传出笑声和轻轻的叫喊声，我也为他的回答感到突然。但是直觉又似乎使我意识到了什么，便追问："你是怎么想到的？"他说："那些人专干坏事，从来不听别人解释，不替别人想一想，想抢就抢，想杀就杀，没有同情心……"说得多好啊！他竟然很自然地把书本知识和现实生活联系起来了，这不是在自我教育吗？当我还在发愣的时候，一只小手又急着举起来。他的回

[1] 叶澜.重建课堂教学过程观[J].教育研究，2002(10).

[2] 邱建华.构建生活的课堂[M].南京：江苏教育出版社，2001.

答更令我震惊：

"老师，我觉得这句话是针对日本人讲的。日本人为了要侵略我们中国，故意找了个借口，说有两个日本兵失踪了，要到中国部队来搜查，中国人不肯，他们就向我们开枪射击，并轰炸卢沟桥。"

我震惊了，兴奋了。第一，这是我在上课时没有料到的回答。第二，没有想到一个八九岁的孩子会有这么广的知识面，竟能把这一从生活中获得的历史知识合情合理地和今天的教学内容联系起来，而且是如此贴切、真实。我不禁为他的发言鼓起掌来，激动地说："是的，1937年7月7日，日军在北京西南宛平县的卢沟桥附近进行了军事演习，借口两个日本兵失踪了，要进入宛平县城内搜查。中国军队拒绝了这一无理要求。日军立即向宛平城内开炮射击，从此全国性的抗日战争开始了。不管日本兵怎样凶残地杀人放火、搞细菌试验等，我们中国人民团结一致，虽然牺牲了许许多多的人，还是打倒了日本鬼子。你们说这一牺牲值得吗？"学生齐声回答："值得！"

同学们的喊声不由得令人精神振奋起来。

一句话究竟有多少含义，一堂课到底能够产生多大的反响，这是每一个教师都难以预料的，但是这值得每一位教师思考。课堂上教师一旦成为一言堂的主人，教学的效果是可以预期的，但是一旦教师把学生都看成课堂的主人，而教师又有足够的课堂资源意识，那么这个课堂就是我们理想的课堂。把学生当成主人不是一句空话，是要把学生当成"活资源"，要关注每个学生能否有自己的解读，从而建构自己的理解，教师能否恰当地引发，激情地鼓舞，使课堂不断创生新资源。这是课堂教学的理想状态，这个状态对学生和教师都提出了较高的要求。对于学生要敢于发表自己的见解，当然，作为个体的学生，见解可能是零散的、不系统的，对于教师而言，要能够鼓励接纳学生不成熟的发言，重要的是能够从不同学生零散的发言中，找到学生心灵的起点与教学内容的连接点。对学生的一句话进行富有哲理的衍展、推进、上升和感悟。让教材走进学生的生活、心灵，让教材与学生的心灵对话、碰撞，使抽象的文句在学生的经验系统里建构起意义。这就是对学生"活资源"生成把握的意义。

长期以来，教材作为学校教育中一种重要课程资源存在，以至人们常常误认为教材就是唯一的课程资源。一提到开发利用课程资源，人们立刻就想要编写、出版、订购教材。推行新课程改革，必然要打破把教材作为唯一的课程资源模式，构建合理的课程资源的结构，发挥课程资源的多种价值，适应学生发展的多样化需求。要明确教师是最重要的课程资源，学生是课程资源开发的核心条件，是不容忽视的课程资源，其根本原因是学生是课程的主体。学生的现实生活是课程的依据，同时学生还创造着课程。学生是学习的主人，教师要具有强烈的课程开发的动机和愿望，鼓励学生不唯书，不唯上；教师在完成课程目标的过程中，善于利用学生的生活经验（学生的生活经验是他们在学校教学的促动下，成长为富有个性的人的重要前提），灵活地将学生的生活经验转化为鲜活的课程资源，有时学生的失败的探索经历不失为一种不可多得的、珍贵的课程资源。[1]

新课程改革的目标直指时代要求，要使学生"具有初步的创新精神和实践能力、科学素养和人文素养以及环保意识；具有适应终身学习的基础知识、基本技能和方法"，对教学资源合理开发、整合与有效利用是促进教学的有效手段。提到教学资源很容易使人联想到教科书、教参等文本资料，其实这些只是教学资源中的一部分。教学资源的内涵会随着社会、科技、经济和文化的发展而不断丰富，因此教师要认真备资源意味着不仅要备知识点（重点、难点），还要备知识背后蕴藏着的方法、过程、情感、态度和价值观；不仅要备书本这些传统的"文本性"材料，还要备网络上的有关教学资源，即"超文本"材料；不仅要备书本知识，还要备教师经验性知识、学生的体验性知识和生活性知识；不仅要重视教材上预设的结论性、事实性知识，更要重视复杂多变的课堂上师生积极探究而生成的新知识。

[1] 陈旭远、张捷.引领高中新课程[M].北京：中国人事出版社，2005.

5.创新性知识内容

所谓创新性知识内容，就是在文本教学中，深刻理解本文内容，认真研究文本内容的细节，发现与文本相联系又不是文本本身的内容新知识。处理好"用教材"和"教教材"的关系。新课程要求教师变"教书者"为"课程实施者"，因此，教科书对于教师而言，只是选用、处理、用来发展学生的文本之一。面对教材，可这样用也可那样用，可多选用也可少选用，可用这种版本的教材也可用那种版本的教材，甚至自编教材。同时，师生要把教材视为研究的材料，绝不奉为"圣经"。要培养学生挑战权威精神，要敢于对教材、教师说"不"，敢于质疑、修正、创新等。这样才有利于培育学生的创造性，造就创新型的人。

## 案例6-5 "你"和"您"

我请学生自由朗读课文。在巡视过程中，"个性派"胡睿突然拉住我的衣袖说："刘老师，书上错了！"我好奇地追问，只听他振振有词地说："这里用'你'太不尊重母亲了，应该用'您'。"我望着书上陈毅说的那句"从小到大，你不知为我洗了多少次衣服"，意味深长地点点头，"有道理，我还想听听其他小朋友的意见。"

自读结束后，我把这个问题提出来让全班探讨，大家争先恐后地发表自己的观点。学习委员蒙心田的话最有说服力："'您'是对长辈的称呼，这样能表达陈毅元帅对母亲的敬爱之情。"在大家的意见达成一致后，我大力表扬了这个敢于挑战书本的学生，全班同学都为他鼓掌。他得意地笑了，那是麦哲伦发现新大陆的欣喜表情。

接着，我让学生拿出铅笔，当堂把"你"改成"您"。在学生动笔的过程中，我又发现有的学生把这一段中所有的"你"都变成了"您"，包括陈毅母亲说的那句"你也五十多岁了，还替娘洗衣服"中的"你"字。提出来给大家讨论时，反对的学生很多，理由也很充分，连一向害羞的张磊也艺高胆大起来："长辈对晚辈说话时用'你'，这里改成'您'不是弄反了吗？那会闹笑话的。"看到他们能自主地提出问题，讨论问题，解决问题，我觉得轻松了许多，学生们也在主动自觉的氛围中学到了知识，陶冶了情操。最后，课文在学生们有感情的朗读声中结束了。[1]

还有一位教师在讲解《詹天佑》一文时，问学生："詹天佑是怎样一个人？"多数学生根据课文叙述，很快找到答案。他是"杰出的爱国工程师"。但一学生却发表异议，认为他是一个具有创新精神的人。老师敏感地抓住了这一观点，引导学生深入研究文章，从文章中寻找根据。学生从詹天佑开凿隧道和设计"人"字形线路等创举中体悟到，他的确具有创新精神。学生又疑惑：为什么没有写上这一点呢？是不是说明教材也有不足？老师肯定了学生的质疑。学生们进一步说，可不可以修改课文？老师说："为什么不可以？你们觉得该怎么改呢？"于是，学生们开始修改。

这两位教师显然都确立了学生主体、尊重学生、培育学生创造性等教育理念，教材不再是师生的"圣经"，而是师生在"用教材"中学习、研讨，并在这个过程中敢于对教材进行创造性的改动和完善。不仅提高了学生的自主学习能力，也促进了教材改革。

在教学中选择好创新性的教学内容，是当前教育改革的核心要求，强调教师对教材、教学方法、教学观念有较为深刻的理解。

（1）深刻理解教材

对教材的理解不仅是基于对文本教材的理解，更重要的是对教材包含的内容以及对在教学过程中能够生成的问题的思考和理解。从本质上说，"教材"这一概念包含了三个基本要素：作为学生的知识体系所计划的事实、概念、法则、理论；同知识紧密相关，有助于各种能力与熟练技巧的系统掌握、心理作业与实践作业的各种步骤、作业方式与技术；知识体系与能力体系的密切结合，奠定世界观之基础的、表现为信念的、政治的、世界观的、道德的认识、观念及规范。[2]用

————————————

[1] 人民教育出版社编辑部.新课程优秀教学设计与案例（小学语文卷）[M].海口:海南出版社，2002.

[2] 钟启泉编译.现代学科教育学论析[M].西安：陕西人民教育出版社，1993.

新课程的理念来说，就是知识与技能，过程与方法以及情感、态度与价值观三个方面的整合。所以，我们要下苦功夫钻研教材。包括对教材的删减、增补以及相关资源的开发、改编、重组以及通过种种设计，突出重点、突破难点等，达到教材内容最优化。同时根据教学的目标任务、教材内容特点以及学生的实际情况提炼内容的精髓，建构必要的知识背景，选择恰当的教学策略和教学媒体，对教学中可能出现的情况做出预设，使学生能以最少的时间最大限度地掌握课程内容，提高教学的有效性，促进学生整体素质的提高。

(2) 巧妙设问

要从"教教科书"走向"用教科书教"。教师巧妙的设问是活化教材、强化学生与教材联系的重要形式，也是教师循序渐进的提高过程。教师在关键处"巧设"问题，以促进学生有的放矢，积极思考，不仅能提高学生理解文本深层内容的研析能力，还可提高学生的口头表达能力，有利于综合素质的提高。问题的设计应针对性强，化繁为简，变难为易，由表及里，纲举目张，善于抓住教材的最佳切入点带动全篇，立足于教材的宏观背景，联系实际力求提纲挈领，引发学生思考。巴尔扎克说："提出一个问题往往比解决一个问题重要。"在老师正确引导下，学生最终学会提出问题，分析问题，解决问题，真正达成教学目标。

(3) 钻研学法

在知识激增、信息爆炸的时代，贮存了多少知识并不是最重要的，而学会如何寻求知识将更有意义。当下接受式的学习，让学生因循听讲——背诵——练习——再现老师传授的知识的模式，学生完全处于一种被动接受的状态。这种学习方法窒息学生的思维和智力，摧残学生的学习兴趣和热情，它不仅不能促进学生智力的发展，反而成为学生发展智力的阻力。要下苦功夫研究学法，就是要转变目前学生这种学习方式，使学习过程更多地成为学生发现问题、提出问题、分析问题、解决问题的过程。这就是新课程倡导的新的学习方式，即自主学习、合作学习、探究学习的学习方式。

人民教育家陶行知认为，教师的教是为了不教，不是教学生，而是教学生学。我们提倡教师苦教，不是教学生知识，而是教给学生获得知识的方法。

(4) 倡导乐学

我们的课堂在很多时候是无效的，为什么？因为学生学得很苦，学得没有乐趣，自然就没有效，所以要倡导"乐学"。如何将苦学变为乐学，这要靠教师的培养，作为教师的应该知道，真正的有效教学是建立在学生"想学"的心理基础上的。所以激发学生的学习动机，培养学生的学习兴趣，教给学生学习的方法，就成为有效教学的前提。苏霍姆林斯基说过："在人的心灵深处，都有一种根深蒂固的需要，这就是希望自己是一个探索者、发现者、研究者，而在儿童的精神世界里，这种需要特别强烈。"所以教学过程中首先要考虑课堂中留给学生多少时间去探索、去发现、去研究，而不是直接教给学生多少知识。

# 第二节　教学内容的组织

## 一、教学内容组织的原则

教学内容的组织同样是一项复杂的工作。泰勒曾就教学内容组织提出三个基本准则：连续性、顺序性和整合性。[1]所谓连续性，是指直线式地重复陈述各个主要的课程要素，使学生有机会反复地、连续地学习有关内容，并在这个过程中实现对教学内容的理解和掌握。例如，在科学学科教学中要掌握"能量"这个概念，那么就应该在科学学科的各个部分中从不同层次一遍又一遍地强调这个概念。所谓顺序性，是强调每一后续内容要以前面的内容为基础，同时又对有关内容做更深入、更广泛的探讨，从而使学生在知识、技能、态度和其他因素方面得以不断发展。例如，在社会学科中培养学生阅读技能，按着顺序性要求，包括：提供渐次复杂的社会学科的材料；逐渐扩大阅读这些材料时所涉及的技能；在这

---

[1] 谢利民．教学设计[M]．北京：中国广播电视大学出版社，2004：94.

个过程中逐渐增加分析的深度，不仅重复前一个年级已涉及的那些阅读技能，而且能够对这些技能做更广泛更深入的提升。所谓整合性，指的是要强调教学内容的横向联系，便于学生获得一种统一的观点，并且把自己的行为与所学的教学内容统一起来，形成一种整合化的能力。例如，在算术课中学习处理数量问题的技能时，要考虑到学生在社会学科、科学学科、现实生活，如购物和其他场所，可以有效地应用这些知识和技能的方式。

## 二、教学内容组织要注意的问题

一般认为，教学内容的组织需要处理好以下几对关系：纵向组织与横向组织的关系，逻辑顺序与心理顺序的关系，直线式与螺旋式的关系。

（一）纵向组织与横向组织

纵向组织又称序列组织，是指按照一定的准则以先后顺序排列教学内容。强调按照一定的先后顺序来组织教学内容，是长久以来教育家、心理学家们的一贯主张。我国古代强调的"先易后难""循序渐进""积少成多"等教育观念，都体现了这种序列性，强调按先后顺序组织教学内容。夸美纽斯也曾强调，要按照由简到繁的顺序安排教学内容，强调"自然教育"。教育心理学家加涅认为，人类学习是由简单到复杂依次推进的。他把人类学习划分为复杂程度不同的八类：信号学习、刺激—反应学习、动作连锁学习、言语联想学习、辨别学习、概念学习、规则学习、问题解决学习。其中前四类学习是基础性的，有相当一部分是在学龄前就已习得的，后四部分是应用性的，要在学龄后的时间里进行学习。所以教学内容的组织应该考虑到：先让学生进行简单认知，再学习进行概念的辨别，在此基础上掌握规则或原理，并用于解决问题。

横向组织是指打破学科的界限和传统的知识体系，将各门学科的知识横向地联系起来，以便让学生有机会更好地将各门学科的知识联系起来，从而更好地探索社会和个人所关心的问题。人类知识本来源于一个有机的整体，学科体系的建立人为地把整体的知识划分为各门不同的学科体系，但是各门学科的知识之间存在着不可分割的联系，只有将各门学科相互联系成一个整体，才能真实地反映客观世界的整体性。因此，在教学内容上，应该将不同学科之间彼此联系起来，包括将自然科学与社会科学联系起来，将自然科学内部的各门具体学科的知识、将社会科学中各门具体学科的知识彼此联系起来，从而实现教学内容的横向组织。

（二）逻辑顺序与心理顺序

逻辑顺序，是指学科知识本身的系统和内在的逻辑联系。逻辑顺序强调的是，教学内容的组织应该考虑学科本身的逻辑顺序。这种逻辑顺序既是学科知识本身具有顺序体系和内在联系，也是客观事物的内在联系的反映。在学科知识的有序体系中，这种知识之间的有顺性与逻辑性，表现为一个部分的内容是另一个部分内容的基础，必须理解和掌握这一个部分，才能在此基础之上理解和掌握另一个部分。教学内容的组织，必须考虑这种逻辑顺序，才能使知识成为一个系统、一个整体呈现在学生的面前，才能使学生的学习更加有效。

心理顺序，是指儿童的心理发展顺序和心理活动顺序。强调的是，学生的心理发展和心理活动也是有顺序的，学生的心理发展有着不同于成人的特点，学生的心理活动有着从简单到复杂、从低级到高级等一系列的顺序。教学内容是要求学生去学习和掌握的，如果教学内容不符合学生的心理发展特点，教学内容的顺序不符合学生的心理活动的顺序，那么教学内容就很难为学生所理解和掌握，换言之，学生就很难顺利地、有效地学习有关的教学内容。

在教学实践中，有效的教学活动，是把教学内容的逻辑性顺序和心理顺序结合起来的教学，也就是把学科知识的逻辑体系与学生心理发展体系结合到一起，而学科知识逻辑与学生心理发展并不是直接"同一"，这需要教师在这个过程中承担更大的工作。

相对而言，在传统教学中，往往更多地强调教学内容组织的逻辑顺序，强调教学内容固有的逻辑体系,而很少考虑教学内容的心理顺序。而在许多教育改革中，许多人往往转而强调教学内容组织的心理顺序，强调教学内容的组织要符合儿童的心理发展特点，符合儿童心理活动尤其是认识活动的顺序。今天，我们要倡导的是强调逻辑顺序与心理顺序的统一。

（三）直线式与螺旋式

所谓直线式，是指将一门课程的内容组织成一条在逻辑上前后相联系的直线，前后内容基本上不重复。例如，按照年代、时间的进程排列的历史学，按由简单到复杂的过程排列的语法、外语课等，按先整体、后局部的顺序排列的地理学等。

所谓螺旋式，是指在不同阶段上重复呈现特定的教学内容，但逐渐扩大范围和加深程度，使之呈"螺旋式上升"的形状。例如，下面一份一至四年级课程计划，比较典型地体现了教学内容组织方式的螺旋式。一年级：小动物需求研究，如兔子或松鼠的需求研究；二年级：植物的需求研究；三年级：与动植物有关的生态系统的初始研究；四年级：与人类有关的生态系统。在不同层次上重复"生物"的相关知识，使整个教学呈现出"螺旋式上升"的状态。

教学内容直线式组织方式与螺旋式组织方式各有其优缺点。直线式组织方式的优点主要在于，它能够较完整地反映一门学科的逻辑体系，能够避免教学内容的不必要的重复。其缺点主要在于，不能很好地体现学生心理发展的特点，不利于将学科发展的前沿成果尽可能早地反映在教学内容之中。教学内容的螺旋式组织方式的优点主要在于，它有利于照顾到学生心理的特点，有利于既尽可能早地将学科发展的前沿成果反映在教学内容中，又使学生对学科知识的理解逐渐加深。其缺点主要在于容易造成教学内容的臃肿和不必要的重复。在实际的教学内容组织中，应该将直线式和螺旋式两种组织方式结合起来。[1]

---

[1] 谢利民.教学设计[M].北京：中国广播电视大学出版社，2004：100.

# 第七章 有效教学的导入与板书设计

## 第一节 有效教学的课堂导入

良好的开端是成功的一半。导入是课堂教学的起始环节，直接影响着教学的效率。恰当的课堂导入能为学生有效学习创设轻松向上的氛围，引导学生勤奋好学、努力探索，也会鼓励教师积极投入、且教且乐。反之，平淡乏味的课堂导入会使学生失去学习的热情，产生厌学情绪。因此，优秀的教师会根据实际的教学内容和学生的年龄特征，充分利用课堂教学导入这几分钟时间，合理设计课堂导入，营造良好的学习氛围，为课堂教学的有效实现奠定基础。

### 一、导课的常用方法

导课的设计是一种教学的艺术，就艺术而言没有、也找不到固定不变的模式，再加上教师的创造力也是无穷无尽的，所以导课设计的方法也是千姿百态、异彩纷呈的。下面是几种常用的导课的方法。

（一）总结归纳法

这是一种传统的导入方法，强调的是在总结以往知识的过程中导入新知，依据知识之间的内在联系和逻辑，比较适合同类或相近体裁内容课程的导入。用得好会产生好的效果。

在讲鲁迅的《故乡》时，教师根据学生已接触过不少他的作品，设计了这样的导入：我们循着鲁迅的足迹《从百草园到三味书屋》，看了赵庄的《社戏》，还偷吃了六一公公的豆，快乐的少年生活转瞬即逝，长大后的鲁迅辗转求学，到日本仙台听《藤野先生》的教诲，回国后却弃医从文，辗转定居北京，1919年冬，他回故乡接母亲来京，回到阔别了二十余年的故乡，心情如何呢？再见儿时的伙伴闰土时又有怎样的感慨呢？让我们再次循着鲁迅的脚步到他的《故乡》去看看。

学生听了老师的开场白，会心一笑，脑海中随即浮现出过往的鲁迅的作品和相关的背景，也产生了到鲁迅《故乡》看一看的愿望，达到了导入的效果。

讲《桂林山水》时，有教师是这样导入新课的：上一课我们学了《长城》，讲的是我国北方的雄伟壮丽；这一课我们要去游览桂林山水，看看祖国南疆的秀丽奇异。这种方法常常用对比的方法，把新旧知识联系起来，起到温故而知新的效果。

（二）时事引导法

导入新课的材料有很多，常用的有经典的材料和当下的材料，前者经过历史的沉淀，有很强的历史说服力；后者发生在眼前，有相当的新鲜感。相对而言，学生更喜欢用发生在身边的事例。典型性的经典题材固然有用，如郑和下西洋、麦哲伦航海、嫦娥奔月等，但新颖的富有时代性的时事问题，更能引起学生们的兴趣、好奇心。

如初中讲到"时区"问题时，教师是这样导入新课的：2001年7月13日莫斯科时间22时11分，萨马兰奇郑重宣布："2008年夏季奥运会主办城市是北京。"这是中国体育的一个历史性时刻。我们要思考的问题是：为什么一定要在半夜里宣布呢？这一时刻，北京是几点钟？怎样计算这个时间差呢？今天我们一起把它算出来，今天的教学内容是"时区"。由奥运会这个新闻事件的兴趣转变到对"时区"学习的兴趣，是一个好的导入范本。

三亚港务中学谢慧灵老师在讲《大规模的海水运动》一节时，以《彭城晚报》的新闻为课堂导入，在低沉感人的音乐中教师讲述：据《彭城晚报》报道，一游客在英国海滩上捡到一只瓶子，内有一封信。按信封上的地址，此信被送到一位74岁的名叫斯塔娜的老太太手里，这位老太太读着此信，声泪俱下……，此瓶在海上一漂就是56年，这个爱情漂流瓶是如何漂流到英国去的呢？这个使者就是——巧妙地引入本节要讲的"洋流"。利用晚报的新闻导入新课过程流畅自然，前后呼应，一气呵成。

（三）问题导入法

问题导入法就是指教师导课时针对教材的关键、重点、难点，巧妙设疑，把学生带进问题之中，从而激发学生的求解愿望，积极地思考问题。

特级教师钱梦龙教授《岳阳楼记》时这样导入：范仲淹的《岳阳楼记》历代都作为散文名篇收入各种选本，从南宋人编的《宋文鉴》开始，直到当代的各类散文选，都选有这篇文章。它究竟有哪些独到之处，使它成为千古传诵的名篇呢？下面我们共同认真学习《岳阳楼记》，想想其中的道理。

问题导入，把学生的注意、兴趣、思维吸引到所提的核心问题上来，并促使学生围绕核心问题阅读、思考，极大地诱发了学生的求知欲，从而为整堂课的成功教学奠定了基础。

（四）作者介绍法

教师在讲解那些比较著名的作品之前，可以先从介绍作者入手导入本课，这样的导课，由作者到作品，顺理成章，引入自然。因为许多作者本身就是很好的教学材料，介绍作者不仅可以增加学习的背景知识，也是对学生思想教育的好方法。

如讲《丑小鸭》，教师以安徒生的生平导入：他，一个鞋匠的儿子，梦想成为表演艺术家，最终成为著名童话作家，其本身就是一个由丑小鸭变成白天鹅的故事。由此学生会带着敬意开始《丑小鸭》的学习。

在教《狂人日记》时教师这样导入：在中国现代文化史这片星空里，有一颗光彩夺目的巨星，他就是大家所熟知的伟大的思想家、革命家、文学家鲁迅。他所写的《狂人日记》是我国现代文学史上第一篇猛烈抨击"吃人"的封建礼教的白话小说。要想知道作者是怎样抨击的，让我们来学习这篇小说。

（五）课题破解法

分析课题导课，是利用课文题目中的关键词语导入新课的方法。这种方法的特点是可以通过课题的解读引导学生初步了解课文的主要内容，把握课文中心。一位小学老师讲《将相和》，板书课题后这样导入课程：这是一个有名的历史故事，记载在西汉时候司马迁写的《史记》里。"将"，将领，率领军队的人，这里指赵国的大将军廉颇；"相"古时辅助国王掌握政权的最高官吏，后来也叫"宰相"，这里指蔺相如；"和"是和好。将相和好，说明他们原来有矛盾。那么，廉颇和蔺相如为什么有矛盾？后来又怎样和好了？学了《将相和》我们就知道了。

在破解课题的过程中，简要地介绍了故事的梗概，奠定了学生理解课题的基础，然后从"和"这个词引出两个统领全文的问题，有助于学生抓住作者的思路，有很强的启发性。

（六）直观导课法

直观导课是教者借助一些辅助手段，如挂图、录像、投影、版画、实物等实行导课，给学生留下初步的、直观整体印象，激发学生的直观认识，启发学生的兴趣，促进学生主动学习。

有位教师在讲"大陆漂移假说"时是这样导入新课的："现在全球的陆地分为七大块，有一个问题，请大家边看边思考。"说着就把剪好的南美洲的轮廓图先放在该洲的位置上，然后将它逐渐向非洲的西海岸移动。学生们表现出惊奇的神态。"可以合在一起。"终于有学生情不自禁地喊了出来。"是的，但这种吻合绝不是巧合，这一现象是德国科学家魏格纳发现的。之后，他通过调查研究，积累大量的论据，终于在1912年提出了'大陆漂移说'。简介这个假说，是今天这堂课的一个主要内容。"课程导入借助教具和演示，揭示了课堂教学的主要内容，为讲授新课奠定了基础。

还有一位老师在上《坐井观天》时是这样导课的：请同学们看一会图，说一说图片上都有什么。有同学看出来："天上有个太阳，地上有一口井。天上的小鸟和井中青蛙好像在说什么？或争论什么？"你们想知道它们在说些什么吗？想知道它们究竟为什么事争论吗？下面我们就学习《坐井观天》这篇课文，看看它们谁说得对。

直观导入强调的是导入的针对性，要揭示教材的主要内容，要明确课堂教学的方向，为整堂课所教的内容服务。

（七）内容概述法

用讲故事的方法把教学内容展示出来，可以激发学生的学习兴趣，培养学生的思维和想象力，便于教学内容的把握。

如教《田忌赛马》时有位老师是这样导入新课的：今天，我们再来学习一篇历史故事——《田忌赛马》。田忌是战国时期齐国的一名大将，他喜欢赛马。有一次，他与齐威王赛马，一共赛了三场，田忌都败了。齐威王特别高兴，得意扬扬地夸耀自己的马。田忌感到非常扫兴，他垂头丧气，准备离开赛马场。这时，他的好朋友、齐国著名的军师孙膑拦住了他，并给他出了主意，让田忌重新与齐威王比赛。田忌按着孙膑出的主意同齐威王又赛了三场，结果，田忌胜了。此时的齐威王面对这突如其来的结局，目瞪口呆。同学们，马还是原来的马，田忌为什么能转败为胜了呢？究竟孙膑给田忌出了个什么主意呢？欲知详情，请同学们读课文，课文会告诉你们的。[1]老师抓住了教材的核心内容，讲述田忌赛马先败后胜的现象，激发学生探求这个过程中产生变化的原因，顺利导入新课，而且基本上也把本课的学习重点暗示出来了。

（八）对比导入法

对比导入，就是根据新旧知识的联系点、相同点与不同点，采用类比的方法导入新课。

如有教师教授柳永的《雨霖铃》时，利用小学时学过的课文李白的《赠汪伦》导入：人有悲欢离合，月有阴晴圆缺。离别是文人墨客笔下常写的一个话题。小学时我们就学过了李白的《赠汪伦》，今天我们要学习的这篇文章也是书写离别情怀的，同学们认真比较，稍加品读就会发现他们相同中的不同：一个明朗豁达，一个哀伤凄切；一篇字里行间激荡着少男少女般的欢笑，一篇却蕴藏着失意落魄的感

---

[1] 金建生.教师职业技能训练[M].天津：南开大学出版社，2010：154.

叹。为什么反差如此强烈呢？我们现在先看作者柳永生平及时代背景。

（九）诗歌导入法

诗歌富有音乐美，感染力较强，用诗歌导入课文，易于激发学生兴趣。一教师讲李白的《行路难》时是这样导入新课的：李白爱酒闻名天下，有诗为证："李白斗酒诗百篇，长安路上酒家眠。"为了喝酒，在已经身无分文的情况下，也要典当身边值钱的东西，有诗为证："五花马，千金裘，呼儿将出换美酒，与尔同销万古愁。"可是，这样一个酒仙，也有面对美酒佳肴喝不下去的时候，是什么原因呢？我们看他的《行路难》。在诗的引导下，学生已经忙着读诗去寻找答案了。

（十）多媒体导入法

随着多媒体设备进入教室，教学又多了一个有力的教学工具，导入新课也多了一种方式。用这种现代化的教学手段，借助音乐、画面、声像等导入新课，学生喜闻乐见，能很快进入学习情境。

音乐怡情养性，是学生喜爱的娱乐方式，用音乐导入新课，可以增强文章的感染力。如讲《音乐巨人贝多芬》时用《命运交响曲》导入，讲《黄河颂》直接播放这个乐章，歌曲本身的感染力会引领学生进入课文情境；在学习一些说明类的文章时，图画或视频都比较直观；讲《看云识天气》，播放一些云霞虹晕等图片导入课文，学生已经进入了"观云"的状态，再"识天气"就不难了。

## 二、导入新课要注意的几个问题

（一）法无定法

以上讲的十种方法是我们从教学实践中提炼出来的常用的导课方法，并不是所有的导课方法，更不是最好的导课方法，最好的导课方法永远在教师们的辛勤实践中。事实上许多教师都有自己的导课方法，实验导课法，理科教师经常利用实验的方法导入新课；情境导课法，设置一个与教学内容密切相关的真实情境，比如案例、事件、故事等，引起学生的关注，或者把随机的问题情境与教学联系起来；游戏活动导课法，通过活动导入教学内容；目标导课法，把教学目标的阐述作为新课程的导入。总之,导课的方法多种多样,形式不拘一格,虽无一定之规,但总的目标是要能够提高学生的学习兴趣。

(二)服从整体

导入是整个教学环节中的一个组成部分,要服从教学过程的整体。导入、呈现、理解、巩固和结尾五者是一个整体,缺一不可。如果只重视课堂导入,而忽视其他环节,那么,再精彩的课堂导入也不能达到预想的结果。所以一堂课开始就要引起学生的兴趣,集中学生的注意力。一旦学生学习的自觉性被调动起来,就要抓住这个"黄金时刻",形成教学高潮,完成教学任务。这中间要注意的是:一是导课的时间不能太长,3~5分钟为宜。若导入时间延长过多,就会使导入显得冗长,从而影响整节课的进程。二是及时转换。当学生在导入的过程中,一旦进入教学状态,教师就要马上转入新课讲授,而不应该在导入过程中花费精力太多。

(三)符合目标

导入本身不是目的,导课的核心是实现教学目标。一堂课的教学目的,在一般情况下应包括:传授哪些新知识,要达到什么要求,培养学生哪些能力,对学生进行什么教育等。教学目的是课堂教学的指导思想,教师每上一堂课,自始至终都要围绕教学目的展开,所以,教师的导课首先必须符合教学目的的要求。

(四)内容科学

教学内容是指在学校教学活动中传授的知识、技能、技巧的体系,以及灌输的思想观点、培养的行为习惯等的总和。教学内容科学性是指教师对概念、定义等的表述,教学所作的论证、语言表达、引用的事实、材料等都要正确,要具有高度的科学性。导课内容的科学性是指导课的内容、方法、方式都要符合规范,都要有科学依据,都要符合学科特点,不能哗众取宠,为了导课而导课。

(五)充满趣味

兴趣是最好的老师,教与学统一性的起点,在于激发学生学习的兴趣和愿望。兴趣是认识事物过程中产生的良好情绪。这种心理状况会促使人积极寻求认识和了解事物的途径和方法,表现为一种强烈的责任感和旺盛的探究精神。激发兴趣就是要使学生智力活动始终在一种强大的内在动力作用下，能自觉积极地学习。要实现这种导课意图，教师首先要情感饱满。要善于调控自己的情感，保持符合教学内容要求的情绪体验，一进入教室就能进入角色，情绪饱满地与学生畅游于学海之中。其次要语言生动。课堂语言是引发学生兴趣的第一要素，教师的语言风趣幽默、生动形象是导课成功的重要保证。最后是方式新颖。新异、鲜活的事物总能使人感到好奇，因此，教师要根据教学内容和自己的特点，适当变换导课的方法，使学生感到新鲜、有趣、好奇。

（六）激发思维

产生兴趣本身不是教学的最终目的，重要的是当学生有浓厚的兴趣后，就要通过问题、情境、矛盾等启发学生的思维，使学生的思维尽快得到启动，从而造成一种教学的"愤、悱"的状态，这是"导课"的关键，也是导课的难点。

## 第二节　有效教学的教学板书设计

板书是教师在教学过程中，配合语言、媒体等，运用文字、符号、图表向学生传播信息的教学行为方式。好的板书设计，不仅给学生以美的启迪，也对教学目标的实现起着积极的促进作用，因此，板书设计是有效教学设计的重要内容。

### 一、板书设计的内容与意义

板书是课堂教学的书面语言，是教师通过在黑板上书写的文字、图表、图画等来传递课堂教学信息的教学方式。板书虽是一种重要的教学辅助手段，但它却是课堂教学的有机组成部分，它和课堂教学的口头语言、体态语言或先或后或同步出现，相辅相成，丰富着课堂教学的表达力。

（一）板书的基本内容

有效的板书设计要能够反映教学内容的系统、重点和层次，也就是说要反映内容的深入发展过程，帮助学生理清教学的基本思路，促进教学目标的实现。具体地说应反映以下几个方面：一是反映教学提纲，它是教学的一个基本线索；二是反映教学要点，尤其是一些教学的重点、难点内容；三是反映公式及其推导过程，帮助学生了解过程方法方面的知识；四是反映例题及解题过程，掌握解决问题的思路；五是必要的图表、图解和图画，形成形象的教学印象；六是反映基本结论。当然，对于每门学科而言都有其自身的特点，加之每堂课的教学内容不同，板书的内容也不尽一致，应该根据具体的情况而定。但总的来看，较好而完整的板书设计应有以上内容，应能概括一节课的主要内容才好。

（二）板书设计的意义

板书设计虽然只是一种辅助的教学手段，但是在教学过程中的作用却是不可低估的。

1. 突出教学重点

在教学中，有效的板书设计能紧紧围绕教学中心，抓住重点，画龙点睛，有利于再现事物的本质特征，突出教学重点，深化教学的落实。例如：对小学语文教材中的《桂林山水》，一教师设计了如下板书（7-1）：

### 7-1 《桂林山水》板书

```
┌─────────────────────────────┐
│  山水甲天下                    │
│                             │
│                             │
│  水：静 清 绿                  │
│  山：奇 秀 险                  │
│                             │
│                             │
│  综合：美丽的画卷              │
└─────────────────────────────┘
```

板书以"山水甲天下"一句总起，接着分述了山水的特征，最后总写美如画卷，突出了教学重点，形象而生动。

2. 引导学生思路

有效的板书设计就像灯塔一样，引导着学生的思路。课堂教学中的板书，往往是随着教师的讲解，而逐步在黑板上展示出来，这些重点内容的出现，会提示、引导学生的思路跟上教师的思路，形成学生的有意注意，促进学生学习的有效发展。

3．强化内容理解

每门学科的知识都不是杂乱无章的，知识与知识之间都有一定的内在联系，形成一定的知识结构，表现出一定的知识体系。在这种知识体系面前，口头语言有助于知识的阐述，而板书语言可能会更直接帮助学生系统地理解知识的体系。例如：一生物教师在教授"生物链"时设计了如下板书（7-2）：

7-2　《生物链》板书

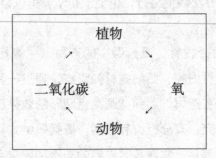

这个生物链的板书表现了生物链的循环结构，反映了四者环环相扣的关系，很好地表达了教学内容的特点、内在联系，便于学生对教学内容的系统强化和理解。

4．加深学生记忆

在课堂上学生接受知识信息的渠道有两个——视觉、听觉。板书使学生通过视觉而获得知识信息，这是最简便最有效的渠道。心理学知识和教学经验告诉我们，学生接受信息的视、听两个渠道中，通过视觉获得信息的保留时间，要比从听觉获得信息保留时间长几倍，所以良好的板书设计会对学生的记忆产生积极的影响。同时，教师的板书是伴随着讲解进行的，在这个过程中，学习时边听、边看、边记，这样一个过程调动了眼睛、耳朵、手等器官，容易在大脑中留下深刻的印象，综合记忆效果远比单一听课要好得多。

5．促进思维发展

板书是一种直观教学的手段，好的板书提纲挈领，概括出了教学内容的要点和难点，直观而深刻地体现出了教学内容的内在逻辑联系，有助于学生在听课中完成分析综合的思维过程，通过对板书内容比较、分类、抽象、概括，容易完成从感性认识到理性认识的转化，从而提高学生分析问题解决问题的能力，促进其思维能力的发展。

### 二、常见的板书设计的方法 [1]

1. 摘录提纲法

摘录提纲式板书是教学内容的集中反映，是按照教材内容和教师讲解顺序，提纲挈领编排教学语言的书写形式。这种板书以大小不同的编号按约定的层次、含义标示相应语句的逻辑地位，以此体现教学信息的基本逻辑结构和体系。这种形式主要是纲要性地突出重点，逻辑性强，重点清晰，便于学生理解、记忆和掌握教学内容。同时这种方法简便易行，也便于初学者可以很好地把握。

2. 概括归纳法

教学板书是教师钻研教材、概括课文的产物。"概括归纳法"设计板书，即用简洁的语言抽象教材内容、归纳教材知识点，通过一两个关键词语之间的联系，体现教学内容的内在逻辑，起到"画龙点睛"的效果。这种板书设计方法，要求教师对教材要有研究、有分析、有概括。概括归纳式板书是指整个板书由主要词语构成，这些词语都是一堂课教学内容的关键词或重点词，用词语排列的顺序体现板书结构或体现教学内容的基本逻辑联系。例如，教师讲授《东郭先生和狼》时设计了如下板书（7-3）：

#### 7-3 《东郭先生和狼》板书设计

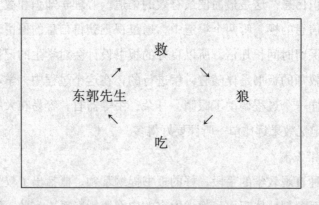

这个板书只有 11 个字，但学生们便十分清晰地看清了故事的内在关系和事情发生、发展的结果。

[1] 金建生. 教师职业技能训练[M]. 天津：南开大学出版社，2010：146.

### 3. 图文示意法

"图文示意"就是用符号、线条、图形，配以简要文字示意教材内容，变抽象为具体、变深奥为浅显的一种受教师和学生欢迎的板书设计方法。这种板书设计是指以形象或接近形象的图样及部分文字组成有关教学内容的板书，特点是形象展示了教材内容，看似复杂的事物，一经图示，便一目了然，能生动形象地再现原文，引发学生积极主动地学习。例如，高中物理的《杠杆原理》等都可以采取这样的板书设计。

### 4. 简笔版画法

这种方法以"简笔画"为主，是教师在课堂上以简练的线条，在较短的时间内高度概括勾勒出教学内容中的相关景物、事物、人物等形象的一种板书设计。这种板书设计的特点是简洁、直观、生动、形象，比较适应小学低年级形象化的教学要求，渗透了中小学教师的艺术情趣，有助于学生审美能力的形成和提高。

### 5. 表格解释法

表格是常见的教学板书形式，它几乎可以服务于任何文章和教材章节的教学，还适用于一组文章和知识信息的比较。表格不仅适用于传统的文字式板书，而且适用于电化教学演示。这种板书设计最大的特点是信息量大、条理清楚、简约明了，有整齐、对称、均匀、清晰、简洁、易于把握事物的特点，比较容易进行区别和比较。例如：某教师在讲解《巴甫洛夫的高级神经活动类型学说》时，设计了如下板书（7-4）：

### 7-4 《巴甫洛夫的高级神经活动类型学说》板书设计

| 强度 | 平衡性 | 灵活性 | 类型 | 气质类型 |
|---|---|---|---|---|
| 强 | 平衡 | 灵活 | 活泼型 | 多血质 |
| 强 | 不平衡 | | 兴奋型 | 胆汁质 |
| 强 | 平衡 | 不灵活 | 安静型 | 黏液质 |
| 弱 | 不平衡 | | 弱型 | 抑郁质 |

### 6. 比较对照法

比较是人们认识事物、分析事物的思维过程，就是运用对比的手段确定事

物异同关系的思维过程的方法。比较对照法就是将这种方法运用到教学板书设计上，就叫比较对照式板书。比较有许多方法，从性质上分有求同法、求异法、纵比法、横比法，定性法、定量法、综合法、专题法；从内容上分有知识比较、中心比较、人物比较、结构比较、语言比较、情节比较、文体比较、作者比较、背景比较、手法比较、风格比较、情境比较等。这种方法一般常用在期末总结、单元复习上。

### 7. 夸张变形法

以漫画、夸张性的变形字等形式，充分利用儿童的好奇心，以加强教学内容的表达，特点是大胆、夸张、形象，有利于突出重点、难点，增强学习的趣味性和板书的表现力，有强烈的艺术感染力和审美价值，深受学生喜欢，在小学教学中很受欢迎。

### 8. 排列组合法

排列组合法是对教材中不同课文或内容的分类排列、综合叠加。教材、课文中不同信息的组合会产生不同的感知效果，板书设计应力求在时间上、空间上、逻辑上组成一个有意义的、有规律的系统，形成有意义的对比。方法上，有时序组合、地域组合、事理组合、对比组合、相似组合、接近组合等，这些组合对于教学内容的深化有着重要的意义。

## 三、教学板书设计的要求

板书设计是书写、绘画、制表、语言、符号、色彩运用的统一体。有效的板书设计，是板书设计要素的最优化组合，同时又要符合下面一些要求。

### 1. 简明扼要，具有概括性

教学板书的语言的简明性要求是准确，语言能够真实地表情达意；精练，要言而不繁，抓住中心；生动，要整齐、对称、流畅、富有乐感。常用对偶、排比、押韵、比喻等修辞表达。板书设计的概括性表现在以下三个方面，一是注意紧扣课文，否则概括就失去了对象；二要挑选关键词，否则概括就没有根据；三要做到精练恰当，否则概括就无法体现。少而精的板书可以使学生在看黑板时产生月明星稀之效，又有众星捧月之感，内容重点突出。例如：有位教师教《渔夫和金鱼的故事》，按照故事情节展开，设计了如下板书（7-5）：

### 7-5　《渔夫和金色的故事》板书

> 贪　　贪　　贪　　贪　　贪（一无所有）

教师的五个"贪"由小到大排列起来，非常精练，使学生领悟了课文的中心，收到较好的效果。这种板书言简意赅，鲜明醒目，教师易写，学生易记。

2. 精选内容，突出重点

有效的板书设计一定要有助于教学重点的实现。凡与教学密切相关的重要内容，板书就要以不同的方式出现，以加深学生的印象，否则就不要出现。例如，《将相和》教学目的之一就是认识蔺相如和廉颇两个主要人物的品质。在分析蔺相如这个人物时，一位老师设计了如下板书（7-6）：

### 7-6　《将相和》板书设计

> 完璧归赵　　　　智
>
> 渑池之会　　　　勇
>
> 负荆请罪　　　　让
>
>
> 通过"智""勇""让"揭示蔺相如的高尚品质

3. 条理清楚，富有启发性

板书能弥补语言讲授的不足，能把教材脉络、结构、重点，通过板书，使之条理化，并直观、清晰地展现在学生面前。因此在设计板书时务必做到条理清楚，逻辑严密，大、中、小标题要层层相扣，低一级的标题要能说明上一级标题的内容。

在设计板书时要通过富有启发性的静态的文字、符号，促进学生头脑中积极而又有效的思维活动发展。一般采用"对比法"、"渲染法"和"板书图形与讲解互相配合法"方法，来实现"静中有动"的板书设计意图。

对比法，就是把正反词语或容易混淆的概念板书在一起，以便于学生对照、比较、区别、分析，这种板书设计正反鲜明、对比强烈，能使学生获得对知识记忆准确而巩固的效果。

渲染法，一般通过放大字体或彩笔装饰，以创设情境，强化效果，这种板书设计像电影特写镜头一样，直扑眼帘，特点突出，使人久而不忘。上面那不断放大的"贪"字就是典型的例子。

画图与讲解配合法，就是按教材进度逐步完成教学任务，只是在教学过程中，教师不仅要讲，还要写，还要画。要画得逼真，写得好看，讲得清楚，而且要求边画边讲，使学生感到"看起来自然，听起来明白，记起来深刻"。以此促进学生学习效果的提高。

4. 布局合理，有欣赏性

板书设计一般分为主板书和辅助板书，也称副板书。主板书作为讲授教材内容的系统板书之用；辅助板书可灵活机动，常用来作为书写需要，提示的字、词、概念和与本节课有联系的知识之用，可以根据需要随用随写。主板书就不同了，下课后，别人一看主板书，就能知道这节课所讲授知识体系的内在逻辑结构和教学过程，清清爽爽，一目了然。

为了使板书设计更具有观赏性，在板书设计中人们经常使用大家共识的符号，应该牢记于心，如用"↓"表示事物的发展；用"："表示提示；用"{}"表示事物之间的包容关系；用"≈"表示重点；用"—→←—"表示两个事物之间相互影响、辩证统一。这些符号的熟练使用，会使板书设计更加形象直观、美观大方。

5. 随机应变，有灵活性

教学设计，包括板书设计只是一种预设，课堂教学过程中师生双边活动中要比预设的情况复杂、生动得多，常常会遇到许多意想不到的情况，使原定的板书难以自然出现，就要在不影响教学要求的前提下，适当地采取随机应变措施，采取灵活的方式，实现板书设计最优化。

同样是讲《桂林山水》，有的教师设计成一幅立体的风景画。画面上的三座山分别突出了桂林山的三个特点（奇、秀、险），倒映水中的三座山分别突出了漓江水的三个特点（静、清、绿），船上的游客正在观光游览这里的秀丽景色，与"舟行碧波上，人在画中游"遥相呼应。整个画面突出了"桂林山水甲天下"这一主题。

还有的教师把它设计成一副对联。上联是"真静真清真绿漓江水"，突出了漓江水的特点，下联是"好奇好秀好险桂林山"，突出了桂林山的特点，横联是"天下第一"，突出了对"桂林山水甲天下"的赞美。中间再配以桂林山的简笔风景画，图文并茂，锦上添花，使人耳目一新，把学生带进了一个如诗如画的境界。

还有的教师把它设计成盆景式。盆景的底座是桂林山水，而盆景上的两枝仙人掌分别是桂林的山和桂林的水，设计新颖别致。[1]

其实，教学中的许多设计，都可以在学生的参与下进行灵活的设计改变和创新，在这个过程中更能激发学生的学习兴趣，培养学生的发散思维。

6. 板书规范，速度适中

板书是板书设计的基础，而好的板书首先应该是板书规范整齐简洁，书写速度适度，从容不迫。教师板书主要是用粉笔在黑板上书写文字、图表、图像、符号、线条等。与使用钢笔、毛笔书写工具不同，姿态上通常也很不一样。粉笔字是立式书写，书写的版面与人是平行的，所以最初操作起来不如钢笔字、毛笔字书写那么习惯。要注意以下几个方面：

一是执笔运笔规范。执笔是"指实掌虚，五指齐力"，下笔时斜度应保持在45°左右，书写时粉笔的末端基本上对准掌心。运笔，是指粉笔在黑板上的运转。包括指运、腕运、臂运。注意这些书法技巧，书写时就可以避免直横拖笔和字迹

---

[1] 金建生. 教师职业技能训练 [M]. 天津：南开大学出版社，2010：148.

呆板的现象。同时，板书时的笔顺和结构也要十分注意，因为这些对学生来讲，同样是在学习。

二是书体规范。对于不同的对象，教师书写的书体和字的大小也不尽相同。但总的要求是规范。对小学低中年级的学生，教学时应写楷书，做到准确、美观，以形成良好的书风，对小学高年级和初中学生，教学时可写点行楷，但也要规范，不要以快速的自由体代替行书；对于高中以上的学生，教学时则可以以写行书为主。字的大小，应符合用眼卫生的要求，使坐在教室最后一排的学生也能看得清楚。

三是书写速度适中。教师板书速度适中，既保证板书信息量，又保证板书质量，写得过快、过多，一堂课下来满满一黑板的内容，容易产生字迹潦草的问题，学生看不清楚，把握不住重点。写得过慢，课堂会出现教学节奏过慢、学生注意力不易集中等问题，同时教师背对学生时间过长，师生之间的交流减少，教师控制学生时间减少，也容易出现课堂纪律涣散的现象。

教师的板书时机应该是边讲边写，随着教学的进行，有计划、有步骤地把板书内容写在黑板上，这样容易控制、引导学生的思路，集中学生注意力。

一位教师在教授《勤学好问》时一边说一边板书："你们要多听（用耳听，板书"耳"）、多看（用眼看，板书"眼"）、多问（用嘴问，板书"口"）、多想（用心想，板书"心"）、并且天天这样做（板书"日"）、月月这样做（板书"月"），你们就会变得聪明起来。"这时，板书正好写完"聪明"二字。学生高兴极了，在愉快的氛围中，产生敬佩教师的情感体验，也接受了老师讲授的道理。

# 第八章 有效教学的讲授与提问设计

## 第一节 有效教学的课堂讲授

讲授是讲述、讲解、讲读、讲演和对话的总称，是教师运用智慧，通过语言，借助意识信号，动用情感、意志、性格等个性心理品质，系统地向学生传授知识和开发智力的一种教学方法。有效的课堂教学讲授源于对讲授含义的理解和对讲授要求的把握。

### 一、讲授的含义与类型

授课又称讲授，它是用语言传授知识的一种教学方式。它通过语言对知识的剖析和揭示，剖析其组织要素和过程程序，揭示其内在联系，从而使学生把握其实质和规律。

课堂讲授依据一定的标准分成若干种类。由于划分的标准不同，可以将教师课堂讲授进行多种形式的划分。在实践中，常常根据课堂讲授的具体特点和方式将课堂讲授分为讲述、讲解、讲话、讲演、对话和讲评等类型，下面重点只讲前五种。

#### （一）讲述

课堂讲述是教师通过叙述事实材料或描绘所讲对象的特点，向学生传授知识观点的一种课堂讲授方式。根据讲述的特点还可以将讲述细分为叙述式讲述和描绘式讲述。

叙述式讲述,在文科课程教学中主要用于叙述学习要求、政治事件、社会面貌、时代背景、人物关系、故事梗概、写作方法等;在理科课程的教学中主要用于说明自然现象、生产过程、物体的结构和功能,或者解释它们的原理。叙述式讲述的核心言语要求条理清楚,特点是语言简洁明快、朴实无华、直观明白。

描绘式讲述,是在叙述式的基础上增加许多修饰的成分,以增强语言的感染力,唤起学生的想象与情感,使其更好地感知教材。这种方法常用在语文、历史、地理课中。在理科教学中的某些特殊情况下也可运用描绘式讲述。描绘式讲述的核心要求是除了条理清楚,还要细腻形象、生动有趣,由此提高课堂教学的兴趣和学生的积极性。

(二)讲解

讲解是指教师通过说明、解释、论证来分析教学内容,帮助学生理解知识的方式,如解释概念、规则,论证公式、定理,等等。这种讲解的教学方式在各科教学中都普遍采用,特别是在数学、物理、化学、生物等自然学科的教学中应用更加普遍。在实际教学中,讲述和讲解的方式经常交织在一起,进行综合的运用。但两者的作用是不同的,讲述重在讲事,解决的是"是什么?"讲解重在讲理,重在解决"为什么?"。

课堂讲解常用的方式有解说式、解析式、解答式等几种。解说式,一般用来讲解无需定量分析的理论知识,运用学生丰富的感知或从新旧知识的联系上来理解概念的一种讲解方式,在文科教学中应用得较多。解析式,是解释和分折规律、原理和法则的主要方式,常常伴随严密的逻辑推导,是基础知识教学和基本技能训练的重要方法,以理科教学为多。解答式,是以解答例题为中心的讲解方式,常用于习题课的解答和对错误问题的纠正上。

(三)讲读

讲读是教师在讲述、讲解过程中,指导学生结合教学内容进行阅读的一种教学方式,其特点是讲不离文,讲读结合,特别适用于要求口头训练的课,因而在语文、外语教学中较普遍采用。

讲读一方面要求教师要注意进行精讲，讲重点、讲难点、讲思路、讲方法，帮助学生深刻理解文本。另一方面讲读的重点在"读"。一方面教师要进行范读。要求发音准确、句读分明、速度适宜、节奏鲜明、语调恰当，还必须要饱含深情，能真正做到以情感人、以情动人。另一方面教师要善于指导学生进行多种形式的阅读。同时，还要在阅读过程中适时向学生提出问题，使其带着问题阅读，促进对文本的理解。

（四）讲演

讲演是教师通过深入分析教材，揭示其内在联系，论证事实，做出科学结论，在向学生传授系统知识的同时，培养其正确的立场、观点、方法的讲授方式。讲演与其他讲授方式不同，它所涉及的内容范围更深、更广，也更具教育性。既是课堂教学的常用方法，也是思想政治教育活动的常用方法。

讲演所需时间相对较长，加之讲演形式单一，中间也很少插入其他活动，所以，在运用课堂讲演方式时一定要强化讲演的主题性、逻辑性、科学性，还应该注意语言的趣味性和幽默性，同时配合现代化的教学手段，达到预期的目标。

（五）对话

对话是以师生交流的方式完成教学任务的授课方式。在中小学教学中占有很重要的地位，特别是在中小学的低年级，应用的范围更广。但是它往往和其他授课形式相伴，很少独立使用。对话的基本要求是亲切、平等、明了、系统。下面我们看一个例子：

**案例8-1　以讲读和对话方式进行的语文课《白杨》教学片段**

师：请同学们读课文，找出形容白杨最准的词。（学生读书、思考）

生：高大挺秀。

师：对。（板书：高大挺秀）"高大挺秀"是什么意思呢？要想理解这个词语，就得认真读书。我找一位同学从第三自然段读起。（指名读）

生：（读）……你看那树多高！（师插话：这说明白杨树——高。）

……不，那不是树，那是大伞。（师插话：这说明白杨树——大。）

……你看它多直！（师插话：这说明白杨树——直。"直"就是我们说的——挺拔。）

师：这个"秀"。

生：美。

师：那么，为什么这儿不说"高大挺拔"，却说"高大挺秀"呢？现在请大家读第一自然段后回答。（学生读书、思考）

生：因为这儿是大沙漠，没有山，没有水，也没有人烟，难得看见绿色植物，很荒凉，所以人们在大沙漠里看到白杨树，就感到分外秀美。

生：我认为白杨树本身就是很秀美的，它又高又大，笔直笔直的，风一吹，树叶"哗哗"地响。大沙漠上浑黄一片，颜色十分单调。这时，看到一行高大挺拔排列整齐的白杨树，便能给人一个新的惊喜。

师："外秀"，大家读。（读）

作者赞美白杨树，仅仅是因为它"外秀"吗？不，白杨不仅"外秀"，也就是说它有着高尚的品格，可贵的精神。请读第十四自然段就知道。（要求学生自读，后指名）

师：你们看，白杨树不仅长得高大，而且还有很强的适应性，又具有坚强的性格。这说明它不仅"外秀"，而且"内秀"。爸爸这样说，只是赞美白杨树吗？

生：不是，这是爸爸在表达自己内心的感情。

师：说得好。这一节写白杨的品格，写得非常美，意思也很深刻。我建议大家背下来，好不好？（生：好）给大家3分钟时间，看谁先会背。（生练背，师检查）

从上面优秀教师授课教学片段可见，现代课堂中的讲授，已不再是教师的独角戏了，它虽然仍由教师支配课堂的大部分活动，进行以讲话为主的传授与引导，但十分重视与其他教学手段结合，注重调动学生参与教学的积极性。

## 二、讲授的要求

授课是课堂教学的中心环节，是最主要的学与教的活动，也是完成教学目标的最主要保证。因此，在这一环节中，最能体现教师的教学功底，教师要积极探索。

### （一）讲授语言生动

教师的教学语言是教师课堂教学最重要的工具。生动启智的语言，能帮助学生点燃好奇之心，打开思维的大门。机智巧妙的语言则可以化险为夷，弥合新旧的教学矛盾，促进偶发事件的转化。苏霍姆林斯基说过："教师的语言，极大程度上决定着学生在课堂上的脑力劳动效率。"教学语言的生动性，源于以下几个方面：

语言的规范性。语言的规范性表现在两个方面，一是语音的规范，强调教师的语言，特别是中小学教师的课堂教学用语，一定要符合普通话的要求，这不仅是传道授业的要求，也是保持中华文化传承的需要，中小学教师的普通话要求实际上是一个前提性问题，必须引起重视；二是在语言表达的速率上也要符合规范的要求，说得太快或太慢都会影响教学效果。一般广播电台播音员的速率是每分钟180字左右，教师讲课的速率可以比这慢一些，但总的说来语言的规范是教师授课的前提条件。

语言的逻辑性。逻辑性讲的是说话的顺序、关系、层次，只有讲话时的顺序、关系、层次都清楚了，说的话别人才能听得清楚，才能明白，学生才能听懂，教学才能有效。所以，逻辑性的基本要求是要求把话说得清楚、明白。例如，周恩来总理1954年在日内瓦会议上有这样一段讲话："我们认为美国的这些侵略行为应该被制止，亚洲的和平应该得到保证，亚洲各国的独立和主权应该得到尊重，亚洲人民的权利和自由应当得到保障，对亚洲各国的内政干涉应该停止，在亚洲各国的外国军事基地应该撤除，驻在亚洲各国的外国军队应该撤走，日本军国主义的复活应该防止，一切经济封锁和限制应该取消。"在这段话里，周总理分别用了"制止"、"停止"、"防止"、"保证"、"保障"和"撤除"、"撤走"、"取消"三组同义词，运用得非常贴切、严密而准确，为我们提供了一个很好的范例。

语言有感染力。什么样的语言有感染力？相声、小品的语言有感染力，所以大家都愿意听。当然，教学语言不能完全像相声小品语言那样，但是教学语言需要感染力。有感染力，学生才愿意听，愿意听才能有教学效果。感染力来自语言的幽默，来自对问题的深刻理解，来自丰富的语言积累。

特级教师贾志敏老师在教《两个名字》一课时讲"我有……你也有……哈哈……我们都有……"的句式时，信步走到学生中间，贾老师左手拿着一支笔，右手握住其中一个学生的手说："你好，我有一支笔。""您好，我也有一支笔。"学生高兴地站起来，也举起了一支笔。接着，贾老师亲切地示意这个学生和他一起说："哈哈，我们都有一支笔。"孩子们纷纷与他对话，这时候，贾老师启发孩子们说："你们能不能说说看不见、摸不着的东西？"对话的难度增加了，孩子们认真思考后举起了小手，有的说："您好！我有一颗爱心。"贾老师（激动地竖起大拇指）："你好，我也有一颗爱心。""哈哈，我们都有一颗爱心。"这样具有启发性的教学对话，给人留下的感染力是十分巨大的。

语言的转化性。强调教学语言的提炼，包括教学语言的综合与转化。讲授是以语言为主要手段传递信息、授之方法、引导学习的，因此，对教学语言运用应有格外严格的要求。这里所说的教学语言，既指教学口语，又指板书板画，还包括体态语，并强调它们的有机配合，综合运用。

教学语言的转化要经过三个转化过程：一是从教材语言向教案语言转化。通过备课，教师钻研教材语言，理解后纳入自己的语言系统，然后用便于学生接受的、带有教师个性的书面语言表述出来，形成教案语言；二是从教案语言向预备讲授语言转化，即教师根据教案，以想象中的学生为对象，注入自己的情感，反复推敲筛选，在大脑里组织满意的内部语言，也称为预备讲授语言；三是从预备语言向实际讲授语言转化，即教师在内部语言的基础上，结合临场的教学情况进行调整应变，形成表达出来的实际讲授语言。

（二）讲授方式优化

讲授是一种重要的教学方法，但不是唯一的、绝对的、万能的教学方法。因为任何一堂课都不可能单独地使用一种讲授方式，而且任何一种讲授方式也不可能孤立地存在。所以，强调教学过程中的教授方法、教学方法的优化，就成为提高教学效果的保障。

讲授方式与教学方法的优化。讲授方式与教学方法是两类既有联系又有区别的概念，但是都是教学过程中重要的要素，在整个教学过程中，起作用的往往不是一两个方式和方法，而是根据学科和学生特点优化的结果。所以，在明确各种讲授方式的过程中，主动研究教授方式与教学方法的优化，是教授方式研究的重点。

讲授方式个性化。学科的性质不同，讲授的方式、方法应当有所不同。课程的个性是学科特点、教师特点融会的表现。教师教授方式呈现的不仅是教材本身，也就是教师自己的情感、兴趣、性格和气质的反映。这个过程体现着教材和教师两者"合二为一"的关系。教师把自己的情感融入到教材内容中，才形成有个性的课堂教学，课堂才有了灵魂，这样的教学才能真正有效。

体现学生特点。教授方式一方面要考虑教学内容与教材，另一方面一定要关注教育对象学生，不同的教育对象，教授的语言表达方式、方法都应有所不同。低年级学生形象思维发达，可以考虑更多使用描述性教授的方法，高年级学生逻辑思维比较发达，可以考虑多用讲述性教授的方式。在这种情况下，容易产生和谐的师生关系，促进教学生产力的发展，优化教学效果。同时师生和谐可以产生兴趣与情感的正迁移，促进学生学习兴趣的产生，从而促进教学效果的提高。

（三）讲授内容明确

教师讲授每一堂课的内容应该是丰富的、有分量的、基本的、系统的知识。

教师无论讲什么内容，都要讲得明确，因为只有讲得明白，才能学得明白。

讲授的重点内容明确。教师给学生讲授的知识，既不是一堂课从头到尾一讲到底，也不是所有的内容面面俱到，而是要有重点地讲授，从而提高讲授的效率。讲得明白，才能讲得有效，因为正确的不一定有意义，不一定有效。如给学生讲："天将来要下雨"，"人都有生和死"……诸如此类，这是千真万确的真理，没有人会怀疑它的正确性。可是教师不明确什么时间下雨，什么时间生死，这些事情是没有意义的。从现代科学思维讲，叫作"无效信息"、"正确而无效"。教师讲授的有效性和教学的效果成正相关。如果讲授的信息量为零，就算讲授的内容全是科学知识，教学的效果也是零。

讲授内容要熟练。熟练是在明确的基础上产生的。讲授重点的熟练，要求教师在讲授时要着眼于"讲"字而不同于"念"。念课本或讲稿，显示不出教师的个性，也激发不起学生的学习积极性、主动性。"讲授"是建立在对教材融会贯通、烂熟于心的基础上，教师对教材经过了一个懂——熟——化的过程，将自己的心理品质内化在教材之中。

教师熟练的讲授过程，不仅是熟练地传递知识的过程，也是显示教师的个性、展示教师教学的魅力过程，在这个过程中，教师用人格去塑造学生的人格，创造师生共同进入理想的境界。教学实践告诉我们，熟能生巧。讲授方法及教学艺术对教学内容来讲是从属的、派生的。也就是说，如果教师对教学内容不理解、不熟悉，任何教学方法及艺术都是无济于事的，也是无效的。

（四）教授过程有梯度

学生的思维能力是在解疑和克服困难的过程中发展的，而克服困难应该是有一定梯度的。讲授有两个要点，一是一定的难度，二是一定的梯度。知识有一定的深度，就会使学生产生相应的学习动力。有了一定的梯度，就使学习上升的动力更稳定。

（五）尊重热爱学生

热爱学生，是教育学生，提高教学质量的前提。法国教育学家卢梭说："热爱可以弥补才能之不足，而不能弥补热心。"教师对学生的爱，能够影响学生情感的发展，能够影响学生的个性发展，能够提高学生对教育教学活动的兴趣。教师不断对学生施加爱，使学生从教师的爱中认识到自己的价值，更树立了自尊心和自信心。于是，就能促使他们乐观向上，奋发进取，培养出自尊、自信、积极豁达的性格和不怕困难、战胜困难的勇气。

课堂讲授要尊重热爱学生，就要根据学生的知识水平和心理特点，采用学生能够接受的语言进行讲授。讲授的针对性与可接受性相辅相成，密不可分，只有考虑到学生的实际情况，教师的课堂讲授才是学生能够接受的。

课堂讲授要尊重热爱学生，就要根据不同学科的特点，使课堂讲授能体现所教学科的风格和特点。文科类课程强调教师课堂讲授的言语要准确鲜明、生动形象；理科类课程则强调教师语言要严谨、精练、富有逻辑性。

关注学生学习差别和性别差别。一方面由于学生的个性差异的存在，必然在学习上表现为优等生、中等生和后进生的区别，教师在课堂讲授时应注意区别对待。学习较好、思想进步的学生，教师要运用言语技巧激发其继续努力、不断进取。对于那些学习比较差、自卑感较强的学生，教师在运用言语艺术时，语气要平和、体贴，多表扬，少批评，防止增加学生的心理负担，甚至产生逆反心理；另一方面，教师要尊重男女学生的性格特征也存在明显的差异。对性格粗犷、说话直率的男生，教师可多用些较为严厉直率的语言，而对性格温和、感情细腻、敏感、体验深刻的女生，教师在言谈中要用细致而委婉的言语技巧，否则稍不注意，就容易伤害其自尊心。

## 三、讲授要注意的问题

### （一）围绕目标，注重引导

授课是课堂教学的核心，但是讲授本身并不是目的。一方面讲授必须紧扣教学目标，表现为所有教学行为都要围绕教学目标展开，离开教学目标的讲授是难以想象的；另一方面教学讲授的意义在于引导学生自主学习，表现为所有的讲授都是对不同层次的目标采取不同的导学策略，使每个学生都能在自己实践的基础上，根据自己的特点去获取知识。强调教师的"导学"启发和学生主动的"参学"，这一环节一般需25—30分钟左右。显然讲授的目标也与教学目标一样，关注的同样是"三维"目标的整体实现。

（二）扬长避短，发挥特长

讲授的最大的优点是能在较短的时间内传授较系统的知识，有利于间接经验的传承，在一定意义上有利于教学效率的提高。缺点是容易形成教师唱独角戏、满堂灌的刻板局面，不利于学生主动性发挥与个性的培养。特别是在教师观念陈旧和技能不精的情况下，过多的讲授会造成学生被动学习情绪的产生，甚至形成厌学的情绪。所以，教师在讲授过程中一定要发挥讲授方式的特长，展示教师讲授的魅力，克服讲授教学对学生自主参与意识、主动学习精神的负面影响，在讲授教学中更新教学观念，发挥讲授教学的特长，提高课堂讲授的效能。

（三）综合准备，合理配合

讲授是课堂教学的重要形式，教师通过清晰、幽默、生动、富有逻辑性的语言直接影响学生的观察、注意、记忆、思维、想象、心理品质的培养和发展，扩展着学生们智力和思维的空间，在一定意义上教学艺术就是语言的艺术。但是，真正的课堂并不是由教师一个要素构成的，它还需要教学环境、教学设备、教学对象的配合。因此，教师在语言讲授过程中，除了对讲授语言进行斟酌外，还需要在教学情境的创设、教学设备的准备、教学对象的了解方面进行更多的准备，以求更有效地完成教学任务。比如，要根据教学内容准备实验仪器、药品、模型、挂图、标本等，以增强教学的直观性，激发学习兴趣，提高学生学习的积极性。

## 第二节 有效教学的课堂提问

提问是课堂教学对话的主要形式，有效的提问是提高教学质量的重要保证，有人说"发明千千万，起点一个问"，有质量的教学问题的提出，不仅是教学效率提高的条件，也是教师职业能力的基本要求。

## 一、有效提问的内涵

提问，是指在课堂教学中，教师根据一定的教学目的要求，针对有关教学内容，设置一系列问题情境，要求学生思考回答，以促进学生积极思维，提高教学质量的活动。提问技能是教师运用提出问题，以及对学生回答的反应的方式，以促使学生参与学习，了解他们的学习状态，启发思维，使学生理解和掌握知识，发展能力的一类教学行为。

问题在培养学生的思维能力方面有着特殊的重要作用。从心理学上讲，推进认识发展的首要条件是，学生对认识对象发生兴趣，并产生力图了解这一对象的内在愿望。当原有的经验结构与新接受的信息不相适应、在心理上产生矛盾时，就会产生力求统一矛盾的愿望，这个愿望就是求知欲，其结果是得到一种心理满足。求知欲的产生来自疑问，所以教师在课堂上有目的地设置问题，形成问题情境，从而引起学生的认识兴趣和认识矛盾，激起探究的愿望，产生学习的兴趣，形成积极、有效的学习方式。

## 二、课堂提问类型

课堂问题的分类，依据不同的标准有不同的分类。一般来说，根据问题回答的形式，可以把问题分为开放性问题和封闭性问题；根据提问主体，可以划分为教师提问和学生提问；根据提问的功能和教学过程，可以划分为管理性提问、启发性提问、检查性提问、巩固性提问等；根据布鲁姆的认知分类系统理论和所提问题涉及到的知识类型，可以划分为回忆性提问、理解性提问、应用性提问、分析性提问、综合性提问和评价性提问等。

### （一）回忆性提问

回忆性提问是一种检查学生已学知识，特别是具体的事实性知识、材料性知识、生活经历，为学习新知识提供材料的提问。其目的是确定学生能否掌握已学知识，是否了解所学知识的基本事实，是否对已学知识有一种正确的理解，能否对学习到的知识进行简单的应用。回忆性提问一般答案比较具体，并且一般是封闭性的答案。教师提问的关键词通常是：谁、是什么、在哪里、什么时候、有哪些等。还可以有一些适当的深化，在讲梯形中位线定理时，提问与此新知识相关的旧知识，教师首先问："三角形中位线定理是什么？"在提出梯形中位线定理后，还可问："能否用三角形中位线的性质，来证明梯形中位线定理呢？"这样，使学生围绕三角形中位线的性质积极思考，探索本定理证明的思路，使之悟出引辅助线证明定理的途径。

长期坚持运用回忆性提问，能有效提高学生的记忆力，并在回忆提问基础上，由易到难、由浅入深，逐步达到对教材的理解和掌握。

（二）理解性提问

理解性提问要求学生对学过的知识进行解释和重新组合，能指出问题的实质。用来检查学生对已学的知识及技能的理解和掌握情况，常用于某个概念、原理讲解之后，或阶段性教学任务完成后。考查学生对问题的记忆、理解和内化的程度。特别强调的是这种内化不仅是知识本身的理解和整合，也要有对生活经历的观照，从而实现对知识生活化的理解。在理解性提问中，教师经常使用的关键词是：请你用自己的话叙述、阐述、比较、对照、解释等。例如：你能说出水污染对人类的生存有什么影响吗？用自己的话阐述《小桔灯》这篇课文的中心思想。你能说明两次国共合作的历史背景有什么不同吗？讲完了"惯性定理"，教师提出"利用惯性如何为我们的生活服务？"教师讲完"美国独立战争"之后这样问学生："怎样理解美国独立战争既是民族解放运动，又是资产阶级革命这一性质？"这些都是理解性提问的常用句式。

（三）应用性提问

应用性提问是检查学生把所学概念、规则和原理等知识应用于新的问题情境中解决问题的一种提问方式。这种问题要能启发学生独立思考，形成学生科学的解题思路，促进知识向技能、技巧、智力、能力转化，培养学生的创造力。在应用性提问中，教师经常使用的关键词是：应用、运用、分类、分辨、选择、举例等。教师根据学生知识学习的情况，提出相应的应用性问题：通过地图和比例尺计算自己家到北京的实际距离；用千分尺测量一根金属丝的直径；运用所学过的面积公式，计算你家里的面积；通过地图上的经纬线算出北京的早晨六点是新疆乌鲁木齐的几点钟。

（四）分析性提问

分析性提问要求学生通过知识的学习能够对某些事物、事件进行构成要素分析、关系分析、因果分析或组织原理分析，并在这个分析过程中得出结论的提问方式。学生必须能辨别问题所包含的条件、原因和结果及它们之间的关系。学生的知识记忆并不能回答这类提问，必须通过认真的思考，对材料进行加工、组织，寻找根据，进行解释和鉴别才能解决问题。在分析性提问中，教师经常使用的关键词是：为什么、哪些因素、什么原理、什么关系、得出结论、论证、证明、分析等。如教师提问："我国当前为什么要采取公有制为主体，多种所有制并存的经济制度？"一个老师在《詹天佑》一文讲解后，设计这样一个问题："本文写詹天佑修筑京张铁路的事迹，表现了他是一个爱国工程师，为什么却用很大篇幅写帝国主义的阻挠和自然条件的恶劣，这与文章表现的主题有什么关系？"教师在讲《西安事变》时提了这样一个问题："蒋介石在反革命叛变时残杀共产党员和革命群众，在日本侵略中国后采取不抵抗政策而继续其反革命、反人民的内战，现在为什么要把蒋介石释放了呢？"这就要求学生结合九·一八事变后国际国内形势的新情况予以分析。

（五）综合性提问

综合性提问要求学生在头脑中将事物的各部分或个别特殊性联系起来，进行综合的灵活应用。这类问题强调对内容的整体性理解和把握，要求学生把原先个别的、分散的内容以创造性方式综合起来进行思考，找出这些内容之间的内在联系，形成一种新的关系，从中得出一定的结论,提高学生的想象力和创造力。在综合性提问中，教师经常使用的关键词是：如果……会……，结合……谈……，根据……你能想出……的解决方法等。如教师这样提问："假如地球上的森林被砍伐光了，地球会发生什么变化？""如果南极的臭氧空洞继续无限制地扩大，未来人类的生活将会怎样呢？"

（六）评价性提问

评价性提问是一种要求学生建立正确的思想观念或评价原则，来评价他人的观点，判定方法的优劣的一种提问方式。这种提问，需要运用所学内容和各方面的知识和经验，并融进自己的思想感受和价值观念进行独立思考，才能回答。它要求学生能提出个人的见解，形成自己的价值观，是最高水平的提问。在评价性提问中，教师经常使用的关键词是：你认为……怎么样，你对……有什么看法等。如教师这样提问："通过《项链》这篇文章，你怎样看待法国各阶层人民的生活？""把不听话的学生调到老师讲台旁边坐，他的学习会怎样变化呢？为什么？"例如，讲世界史上的"开辟新航路"时，联系中国史上的"郑和下西洋"提问："既然郑和下西洋较之哥伦布等的航海冒险活动有着'时间早'、'规模大'、'航程远'这样三个特点，那么为什么在整个世界历史上，郑和下西洋反而没有新航路开辟的地位显要呢？"这个问题十分尖锐，发人深省。

## 三、有效的课堂提问要求

提问是有效教学的重要形式，是教师在教学过程中了解学生、启发学生、促进教学目标实现的重要手段，如果教学没有相应的围绕课堂教学重难点而展开的有效提问，课堂教学也就失去其本来面目，或变成报告和演讲了。但是，在课堂教学的实际工作中，并不是所有的提问都是有效的，有的课堂教学中，尽管教师向学生提了很多的问题，但这些问题是徒有其形式，课堂看似热闹，问题并没有发挥其功能。所以，我们要研究课堂教学的有效提问的基本要求。

（一）问得清楚

总的讲问得清楚包含：提问目的清晰、准确，言语简洁；给予学生思考问题的时间；让学生注意你的提问活动。

1.目的性。教师设计问题时，应该服务于教学目标、教学内容，每个问题的设计都是实现特定的教学目标、完成特定的教学内容的手段。所以，围绕教学目标设问实际上要抓住教材的重点、难点和关键，以便集中精力突出重点、突破难点。脱离了教学目标、教学内容，纯粹为了提问而提问的做法是不可取的。

2.科学性。强调的是教学问题的设计，一定要清楚明白，直截了当，主次分明，围绕问题，语言规范，概念准确，符合学科特点。这样的问题不仅容易引起学生的共鸣，同时，这种严谨的问题形式也会给学生带来好的习惯影响。

3.针对性。强调教学提问的提出，要从学生的实际情况出发，符合学生年龄特征、认知水平和理解能力。问题的难易要适度，符合学生的"最近发展区"；面向全体学生，使多数学生参与，适当兼顾"两头"；并考虑某些特殊学生的个性特点。

4.顺序性。即按教材和学生认识发展的顺序，由浅入深，由易到难，由近及远，由简到繁的原则对问题进行设计，先提认知理解性问题，然后是分析综合性问题，最后是创设性问题。由此降低学生学习的难度，促进教学活动层层深入，提高教学效率。

（二）问得巧妙

1.趣味性。有效的问题是学生感兴趣的问题，在设计教学提问时，教师要善于以学生感兴趣的方式提出问题，进而吸引学生的注意力，引发学生积极思考并主动参与到问题解决中，促进教学效果的提高。

2.启发性。如果说提问的兴趣性主要表现为问题内容的指向，那么，问题的启发性重在强调问题表达方式和形式上。例如，"养花都需要什么条件？"这样的问题就不如改为"给你一粒花籽儿，为了能让它开出美丽的花朵，你需要为它创造哪些条件呢？"回答这种问题不仅需要记忆，还需要分析、对比、归纳、综合的能力，无疑会促进学生的创造性思维。

启发性问题的提出方式大致有如下几种：

从新旧知识的联系中提出启发性问题。例如，学习计算长方形的面积公式推导出平行四边形的面积；

从同类对比中获得启发性问题。例如，在学习梯形中位线定理时，不妨对三角形中位线定理进行类比提问，启发学生思维；

在指导读书的过程中提出启发性问题。有经验的教师经常用这种方法，启发学生思考。常用的语言模式是："请大家读教材……，回答……问题。"

运用直观演示提出启发性问题。运用直观的教学媒体，如挂图、实物、电影、电视、多媒体教学课件等进行演示，引导学生回答问题。物理、化学实验中也常有这样的问题出现，教师通过实验指导学生观察实验，发现问题。也可以通过社会调查来启发学生，例如，一些学生头脑里有这样一种观念，认为"物价越低越好"。教师可以组织学生进行社会调查，让学生明白这样一个道理，物价持续低迷，会导致通货紧缩，工厂开工不足，从而会导致更多的人失业，影响我们的生活。

利用教材和学科知识本身的内在逻辑关系，逐步提问启发性的问题。例如，通过元素周期表已知元素的介绍，分析可能出现的相关元素的特征。

（三）问得及时

问题的有效与否还在于是不是在学生最需要的时候提出，因为任何真理都是在相对应的时空存在，学生的学习兴趣和热情也有一个合适的时机。教师提问应考虑到学生的心理状态，寻找到最佳时机发问，这样可以起到较好的作用。孔子曾说"不愤不启，不悱不发。"朱熹对此注释说："愤者，心求通而未得之意；悱者，口欲言而未能之貌。"这要求教师提问要掌握好火候，在恰当时候提问，这样就会起到事半功倍的作用。什么是合适的提问时机：一是当学生的思想局限于一个小范围内无法"突围"，产生疑惑不解时；二是当学生各执己见，莫衷一是时；三是当学生无法顺利实现知识迁移时。心理学研究表明，只有牢固和清晰的知识才能迁移。因此，教师应在讲授新课前通过提问复习与新课有关的旧知识，并在此基础上，讲授新知识，借以由已知向未知过渡。

（四）问得机智

1. 教师要创设良好的提问环境。提问要在轻松的环境下进行，也可以制造适度的紧张气氛，以提醒学生注意，但不要用强制性的语气和态度提问。要注意师生之间的情感交流，消除学生过度的紧张心理，鼓励学生做"学习的主人"，积极参与问题的回答，大胆发言。

2.教师在提问时要保持谦逊和善的态度。提问时教师的面部表情、身体姿势以及与学生的距离、在教室内的位置等，都应使学生感到信赖和鼓舞，而不能表现出不耐烦、训斥、责难的态度，否则会使学生产生回避、抵触的情绪，阻碍问题的解决。

3.教师要耐心地倾听学生的回答。对一时回答不出的学生要适当等待，启发鼓励；对错误的或冗长的回答不要轻易打断，更不要训斥这些学生；对不回答的学生不要批评、惩罚，应让他们听别人的回答。

4.教师要正确对待提问的意外。有些问题，学生的回答往往出乎意料，教师可能对这种意外的答案是否正确没有把握，无法及时应对处理。此时，教师切不可妄作评判，而应实事求是地向学生说明，待思考清楚后再告诉学生或与学生一起研究。当学生纠正教师的错误回答时，教师应该态度诚恳，虚心接受，与学生相互学习，共同探讨。

## 四、有效课堂提问应注意的问题

### （一）注意提问的启发性

提问过于平淡，就不能对学生产生吸引力，这样的提问往往效果不好。好奇之心，人皆有之。同一个问题，如果变换一下提问的角度，使学生有新奇之感，那么学生就会开动脑筋，积极思考，达到提问的效果。例如，学完《资本主义世界的经济危机》一节内容时，提问："罗斯福新政的内容和作用是什么？简述欧亚战争策源地的形成过程"，就显得比较平淡，改成"1929年—1933年的世界经济危机首先发生在美国，但是美国却没有形成战争策源地，德国和日本倒成为欧亚战争策源地，为什么？"这样的问题，就有了一定的启发性，学生在回答这种问题时不仅需要记忆力，还需要分析、对比、归纳、综合的能力，无疑会促进学生的思维活动的发展。

启发性提问的另一个特点是，问题要有适当的难度和梯度。例如，在学完中国历史最后两章后，进行小结提问："中共七届二中全会的内容是什么？""南京是什么时候解放的？《论人民民主专政》的内容是什么？"这类问题太平淡，也缺少启发性，学生或是不愿意回答，或很容易就回答上来了。如果改成："为了新中国的成立，中国共产党做了哪些准备？"这样问题的回答，没有现成的答案，必须打开思路，在读教材的过程中分析、综合才能从政治上、思想上、军事上、能力上、组织上诸方面总结出答案。总之，课堂提问平淡、容易固然不好，但是太难了也不行，重要的是要有一定的梯度。特级教师余漪在讲《孔乙己》时，设计了如下三个问题：一是"孔乙己叫什么名字？"学生读书，找到了答案。接着又问"孔乙己没有名字说明了什么？"学生思考后找出来答案。最后又问"为什么会产生这种现象？"这个问题激起了学生的深思，引发出学生新的"问题"。这三个问题由浅入深，虽然最后的问题没有明确的答案，但是学生的积极思维已经充分调动起来了。

（二）注意提问的指向性

提问指向不明确，包含问题本身不明确，问题层次不清楚，问题针对性不强，问题重点不清，这些问题都会影响提问的效果。

提出的问题不明确，含糊不清或有歧义，容易造成学生理解的误区，不仅影响问题的回答，还会造成学生思维的混乱，无法实现提问的目的。因而提问一定要明确清楚，使学生一听到问题就知道是什么意思。这样才容易使学生产生一个明确的思路，迅速正确地回答教师的提问。例如，《詹天佑》一课，一教师问"詹天佑主持修铁路的条件怎样？"这里的"条件"指的是什么，问题就含糊。指历史条件，还是自然、技术、人力、物力条件？让人费解。根据课文的内容和后面的讲述，提问的意思显然是指历史条件。如果改成："詹天佑主持修京张铁路是在什么历史条件和自然环境下进行的?"这样问题就清楚明白了,就能正确地指引学生的思维方向,让学生在阅读中分析整理,积极思考回答教师的问题。

提问零散,问题缺乏层次,整个提问缺少系统的思考。一方面表现为大量的浅层次提问,冲淡了教学主题。看起来很热闹,其实没有积极的思维活动。上海静安教育学院的一项调查显示,1~9年级,平均提问33.7次,最高55次。经常性的问话形式是:"对不对""是不是""好不好",整个课堂由"满堂灌"到"满堂问"。另一方面的表现是教师想问什么就问什么,一会儿问东,一会儿问西,问得学生手忙脚乱,穷于应付。这些提问显然有悖于有效教学设计的基本原则和要求,不仅无益,反而有害。

教学提问缺少针对性。课堂提问要紧紧围绕教学内容,抓住那些牵一发而动全身的关节点,将问题设在重点和难点上,可帮助学生突破难点,完成教学目标。例如《希腊》一节,教材的线索是奴隶制城市国家的出现、发展、繁荣和衰亡,重点是为了使学生进一步认识和丰富奴隶制国家这一概念,提问就必须始终紧扣这条主线。否则,毫无针对性地抓上一两个问题,为问而问,既不能给学生以完整的知识结构,又影响了学生认识社会发展的规律性。教师没有提问"梭伦改革背景、内容、实质是什么?希波战争经过了几个阶段,有哪些著名的战役?伯罗奔尼撒战争是怎么回事?"这些简单具体的知识性问题,而是围绕教学重点设计了"梭伦改革对雅典奴隶制的发展有什么影响?为什么?""希波战争为希腊奴隶制发展带来了好处?为什么?""希腊奴隶制城市国家是怎样衰落下去的?"显然,后一种问题设计更能反映教学的重点,对学生的学习起到的作用更有效。

(三) 注意提问的提示性

有效的课堂教学提问,是一个师生互动、生生互动、交往的过程,当教师的提问与学生的回答有一定距离时,教师往往要对学生如何答问,从内容到方法上给予指点，促进学生对问题的理解和思考，帮助学生找到回答问题的突破口。要提示的内容大致有以下几个方面：

一是学生阅读中容易忽略的地方，特别是重要的地方；二是透过字面应该深入理解的地方，学生容易忽略的地方；三是与理解课文有关的知识、资料、相关背景知识的提示；四是某些重要词句和关键词、关键字；五是语言表达形式，特别是地方语言和外语；六是分析的思路、方法和教学内容的逻辑关系。

提问中的适当提示，是帮助学生完成教学思维的培养，不是越俎代庖。不善于在问题中提示，不仅会浪费许多时间，而且往往以教师的理解代替了学生的思考。提问非但没有发展学生的思维能力，反而成了一种摆设，课堂的结果还是教师一言堂。

（四）注意提问的回应性

一是对学生回答问题的内容进行回应，确认学生回答问题是不是正确的。教师对学生回答问题的表态，是对学生的评价，是对学生的认可，在学生学习过程中作用十分明显。确认的方式可以是重复学生的回答内容，也可以对学生的回答加以转化，对回答做概括，还可以对回答做进一步扩展，促进对回答思路的分析。对学生回答的回应和确认，有利于学生学习效果的提高。

二是以积极的态度，对学生回答的问题进行实事求是的评价。积极的态度，就是以正面评价为主，引导学生学习为主，促进学生发展为主。实事求是是指评价与回应要有事实依据，纠正错误，肯定优点。评价学生的回答应遵循表扬为主的原则，鼓励学生积极思考，主动参与，即使是回答完全错误，也要注意发现其中的积极因素，给学生以某一方面、某种程度的肯定。

三是在提问过程中教师要及时地回应学生回答的问题。及时评价和回应是学生保持学习积极性的重要前提，学生的回答如果长时间得不到教师的评价，学生的学习积极性就会受到影响，所以及时评价是非常重要的。然而做好及时并不容易。一方面要求教师全神贯注听学生的回答，准确把握学生回答问题的内容，因为只有这样才能做出合适的评价；二是了解学生的个性和生活经历，充分注意师生之间在心理特征、知识能力水平、生活经验、审美情趣等方面的差距，并努力缩小这种差距。最好的办法是善于把握每一个学生的心理反应，时时处处都设身处地为学生着想，爱护和鼓励他们的学习积极性，理解学生回答问题实际指向，做到有的放矢。

四是注意回应的语言。回应是师生之间有效交流的重要形式，其有效性不仅体现在交流的形式上，更体现在交流的内容上。在回答问题的交流中，简单的"好""对""准确""很好"虽然也能表达回应和肯定的含义，但是这种缺乏思维的导向和语言分寸感的简单评价，并不能调动学生学习的积极性，在学生看来这种回应只是一种应付，在一定程度上影响了学生的学习情绪。

（五）注意提问中的情感交流

提问既然是教学交流的手段，那么这种交流一定含有情感因素在其中，所以，优秀教师在与学生的交流中，特别关注与学生情感交流的问题，提问也是如此。

例如，有位教师要求学生选词填空，板着面孔对学生说："谁给我把这个词找出来？我叫到谁，谁就来回答。""快举手，谁不举手我就叫谁？"结果，大家都不愿意来回答，低着头不敢正视老师，影响了教学效果。另一位教师微笑着对学生说："小朋友先找找，看谁最先找出这个词。"很快同学们就举起了手，接着，他用和蔼的目光看着同学们，高兴地说："好，短时间就有这么多同学找到了，这样吧，我们就请这位同学来讲给大家听。"教师和蔼可亲、礼貌用语、平等发问，就打消了学生的紧张感，消除了师生之间的界限，营造了一个民主和谐的课堂气氛，促进了教学效果的提高。

（六）注意提问中的生成性问题

课堂的问答不是一次终结性的过程，而是一个不断深化的过程。所以，有经验的教师，会十分注意这个过程中生成的新问题，因为在某种意义上，新问题的出现是思维深化的结果，是促进学生发展的又一起点。

上数学课时，王老师提问学生："一幢房子高6米，旁边有一根旗杆比房子高2米，问旗杆有多高？"一位同学回答8米。话音未落有人叫着9米。教师一看，说9米的是一个"淘气"学生，估计可能是故意调皮，于是，就不客气地批评他："不会就不要举手乱说。"这个学生还想说什么，也当即被制止了。其实，这个学生认为旗杆竖在地上，总要埋到地里一段，就不止8米？显然，这位教师不够冷静，把本来可以成为激发学生思维的生成性问题，用简单粗暴的态度压制了下来，不仅压抑了学生答问的积极性，也"窒息"了学生难得的创新思维的火花。

李老师在上《要尊重别人》一课时，谈到"教师像辛勤的园丁"的观点。这时一个学生却说："有的老师上课迟到，又不认真改作业，还……这样的老师是辛勤的园丁吗？"老师迟疑了一下，欲进又退地说："的确有这样的老师。李老师与其他人一样也有缺点错误，同样需要别人帮助。你今天提意见，就是对老师的帮助，老师应当感谢你。同时。我们也应当相信被提意见的老师是会接受帮助、改正缺点的。不过，你说得不很清楚，你知道那样的老师，在我们学校里有几位呢？"

学生得到了鼓励，似乎很高兴。他说："我知道的，只有一位。"李老师实事求是地说："实际上不止一位，还会有几位，但你知道我们学校共有多少位老师吗？"学生答不上来，李老师接着说："有80多位。连退休教师加起来共有110位，除了一二位暂时不很辛勤的以外，他们是——"学生异口同声："他们是辛勤的园丁。"接着老师用"盲人摸象"的故事启发学生，说明全面看问题的道理。不仅化结了一场信任危机，也促进了学生认知水平的提高。

实际上，在教学过程中，教师对待任何教学中预设以外的问题，不仅是一个方法问题，也是一个教育理念的问题，学生在教师提问过程中产生新的问题，说明教师的提问与学生的生活和经验有了很好的交流，教师应该抓住这个机会，形成良性的教学反馈，促进学生的发展。

# 参考文献

1. 崔允漷 . 有效教学 [M]. 上海：华东师范大学出版社，2010.

2. 王丽娟 . 教学设计 [M]. 海口：南海出版社，2003.

3. 胡学增、沈勉荣、郭强 . 现代教学论基础研究 [M]. 西安：陕西人民教育出版社，1996.

6. 瞿葆奎 . 关于教育学"中国化"问题 [J]. 华东师范大学学报（人文科学版），1997（04）.

7.[ 捷克 ] 夸美纽斯著，傅任敢译 . 大教学论 [M]. 北京：人民教育出版社，1984.

8. 张焕庭主编 . 西方资产阶级教育论著选 [M]. 北京：人民教育出版社，1979.

9.D.H. 申克 . 学习理论：教育的视角 [M]. 南京：江苏教育出版社，2003.

10.D.H. 乔纳森编，郑太年译 . 学习的理论基础 [M]. 上海：华东师范大学出版社，2002.

11. 洪玲 . 数学教学生活化的思考 [M]. 江西教育，2003（09）.

12. 余慧娟 . 教育对于学科的改造 [M]. 人民教育，2006（03）.

13. 王尔 . 课堂教学的情景设计 [M]. 中小学教师培训，2006（02）.

14. 李岩松 . 怎样上好课 [M]. 呼和浩特：内蒙古大学出版社，2009.

15. 余文森 . 有效教学十讲 [M]. 上海：华东师范大学出版社，2009.

16. 谢利民 . 教学设计 [M]. 北京：中央电大出版社，2005.

17.[ 美 ] 克拉克著 . 中学教学法 [M]. 北京：人民教育出版社，1985.

18. 李震德 . 教学论 [M]. 北京：人民教育出版社，1991.

19. 张慧聪 . 三维目标如何统一 [J]. 语文建设，2005（08）.

20.[ 美 ] 拉夫尔 . 泰勒著，施良方译 . 课程与教学的基本原理 [M]. 北京：人民教育出版社，1994.

21. 张祖忻 . 教学设计——基本原理与方法 [M]. 上海：上海外语教育出版社，1994.

22. 施良方 . 学习论 [M]. 北京：人民教育出版社，1994.

23. 于永正 . 个性化备课经验（语文卷）[M]. 北京：教育科学出版社，2007.

24. 陈旭远、贺成立 . 有效备课 [M]. 长春：东北师范大学出版社，2008.

25. 邵瑞珍 . 教育心理学 [M]. 上海：上海教育出版社，1997.

26. 徐英俊 . 教学设计 [M]. 北京：教育科学出版社，2001.

27. 谢利民 . 教学设计 [M]. 北京：中央广播电视大学出版社，2004.

28.[ 英 ] 赫 . 斯宾塞，胡毅、王承绪译 . 斯宾塞教育论著选 [M]. 北京：人民教育出版社，1997.

29. 陈学峰 . 教育思想史研究 [M]. 长春：吉林人民出版社，2012.

30. 赵祥麟、王承绪编译 . 杜威教育论著选 [M]. 上海：华东师范大学出版社，1981.

31. 王海勤 . 他们为新课程改革贡献了什么 [N]. 中国教育报，2007-03-09.

32. 思之 . 标准答案，你好吗？[J]. 湖南教育，2001(12).

33. 朱宁波、陈旭远 . 新课程核心概念诠解 [M]. 北京：高等教育出版社，2005.

34. 熊生贵 . 新课程：生命课堂的诞生 [M]. 成都：四川大学出版社，2003.

35. 叶澜 . 重建课堂教学过程观 [J]. 教育研究，2002（10）.

36. 邱建华 . 构建生活的课堂 [M]. 南京：江苏教育出版社，2001.

37. 陈旭远、张捷 . 引领高中新课程 [M]. 北京：中国人事出版社，2005.

38. 人民教育出版社编辑部 . 新课程优秀教学设计与案例（小学语文卷）[M]. 海口：海南出版社，2002.

39. [美] 拉尔夫·泰勒著，施良方译 . 课程与教学的基本原理 [M]. 北京：人民教育出版社，1994.

40. 金建生 . 教师职业技能训练 [M]. 天津：南开大学出版社，2010.

41. 刘兴富 . 现代教育理论选讲 [M]. 长春：东北师范大学出版社，2009.

42. 孙正川 . 课堂教学技能训练 [M]. 武汉：华中科技大学出版社，1999.

43. 张学敏 . 课堂教学技能 [M]. 重庆：西南师范大学出版社，2000.